精神科医が教える

50代からの心おだやかな暮らし方

保坂 隆
Takashi Hosaka

有隣堂

装丁――神長文夫＋坂入由美子（ウエルプランニング）
装画――KID_A/PIXTA（ピクスタ）

まえがき

「役職定年になり、元部下が上司になった」

「これまでのキャリアを無視した部署に遷《うつ》された」

「単純作業ばかりで、やりがいが持てない」

現代のビジネス社会は、「50代は受難の時代」と言われています。苦労して課長や部長になっても、「役職定年」で職を解かれ、単純な事務仕事に回されたりします。若いころに年功賃金を見越して住宅ローンを組んだ人の中には、給与ダウンによってマイホームを売却し、賃貸に移る人も出てきています。

「こんなはずじゃ、なかったのに……」

そんな気持ちが重荷になって、私のクリニックに相談に来る方も増えています。しかし、冷徹にも現実は目の前にあります。だとすれば、逆に自分の心に問いかけてみましょう。

「給料・役職は上がっていくもの」「肩書を失うのは恥ずかしいこと」「私にはもっと適した仕事がある」――これらは、真理なのでしょうか？　冷静に考えてみれば、個人的なこだわり、思い込み、世間体、あるいは頑張るための寄る辺として心に刻んだものに過ぎないと気づくはずです。

そんな「とらわれ」から読者のみなさんを「解き放ちたい」と考え、私はこの本を執筆しました。とくに50代は、定年を間近に控えた世代でもあります。日本では60歳定年がまだ主流です。70歳まで「再雇用」する会社も増えましたが、多くの部下を率いる華やかな立場に戻ることは、もうありません。

ならば、とらわれをすべて捨て、「自分軸」で生きてみましょう。企業社会で頑張り続けて50代になったあなたは、「会社軸」「世間軸」の人でした。もう自分を許して、自由にしてあげましょう。他人と比べる必要もないし、比べられても気にしない。これからの人生が笑顔に満ち、心おだやかなものであることこそ、「幸せな人生」の本当の姿だとわかっていただけると思います。

本書では、「仕事」「人間関係」「お金」「心身の健康」の4つの視点（章）で、定年を控え、50代から激変する環境にどう向き合っていけばいいのかを解説しています。至極当たり前のことを指摘している項目も多いでしょう。しかし、「自分はできていなかった！」と愕然《がくぜん》とする箇所も数多くあるはずです。

これまで50代からの生き方をあまり考えてこなかった人も、さんざん考えてきた人、さらにはその前後の世代の人にも、励ましになる視点、役に立つ情報を盛り込むことができたと自負しています。

この本との出会いが、悩めるみなさんが次のステップに踏み出すためのきっかけになれば、著者としてうれしい限りです。

保坂　隆

50代からの心おだやかな暮らし方◎目次

第1章　仕事を通して新しい生き方を考える

第2章 人間関係の基礎を学びなおす

第3章 中年からの「お金」との付き合い方

第4章

心身の健康を考える

第1章

仕事を通して新しい生き方を考える

「人柄」と「打たれ強さ」が強みに

高齢化社会が叫ばれて久しい日本ですが、その状況はビジネスシーンでも同様です。とくにバブル入社組から団塊ジュニアを含む50代は人数が多く、経済が低成長期にある現在の日本では、かつてのように「定年までゆったり働こう」などというわけにもいかない状況が続いていますし、これからもずっとそうでしょう。

歳をいくら重ねようと組織への貢献は求められる一方で、畑違いの部署への異動があったり、役職定年が導入されてビジネスの第一線から離れざるを得ない人も増えてきています。年下の上司に仕える人も相当数いるでしょう。がむしゃらに働いてきたビジネスパーソンにとって、50代というのはなかなか厳しい時代といっても過言ではありません。

しかし私は、**困難な時代、厳しい時代ほど、50代~60代のシニア・ビジネスパーソンが真価を発揮する**と信じているので、そう心配はしていません。歳を取れば取るほど強くなる。それが人間の素晴らしいところだからです。

近年、アメリカを中心に、「ポジティブ心理学」が盛んになっています。ポジティブ心理学とは、人間の優れた一面に光を当て、ウェルビーイング（心身が幸福な状態）を保つという考え方に基づく心理学です。

厳しい時代を迎えているのは、日本のシニア・ビジネスパーソンだけではありません。ある意味、世界中が厳しい時代を迎えているのです。そんななかで幸せに生きていくには「強み」を身につけなければいけません。

では、「強み」とは何でしょうか。私は人間としていちばんの強みは「人柄」だと考えています。

「人柄」という言葉を聞いて懐かしさを覚える人も少なくないでしょう。少し前まで、日本では「徳」を身につけた人が大いに尊敬されたものでした。「徳」を一言で説明するのは難しいですが、誠実に物事を判断する力を持ち、人間的な深みや温かみがあり、厳しさにじっと耐える強さも備えていることだと思います。「徳」が「人柄」のキモになっているのです。

学識を積んでいることや、社会的な立場が高いこととは何の関係もありません。徳のある人に共通しているのは、様々な経験を積み重ねてきていること。経験は何事においても最良の師となるものだからです。

長いこと仕事をしていれば、「数千万円規模のプロジェクトを成功させた」「営業ノルマ未達は一度もなかった」といった成功体験もあれば、「大口の顧客を怒らせてしまった」「コンペで大惨敗した」といった失敗もたくさん経験しているでしょう。

しかし大切なのは成功・失敗といった結果ではなく、「経験」そのもの、そしてそこから得た人間的な懐《ふところ》の深さなのです。「ちょっとやそっとのことでは動じない心」と言い換えてもいいでしょう。

ポジティブ心理学が示す「強み」というのは**頑強な強さではなく、しなやかで弾力性、復元性に満ちた強さ**をいいます。固く厚い紙も何度ももんでいるうちに柔らかくなっていくように、人間も何度もつらさ、悲しさ、悔しさなどに遭遇し、揉《も》まれているうちに「しなやか」になっていくということです。それが深みのある「人柄」になります。

ポジティブ心理学では、つらい状況にあっても元気に日々を生きていくためには「レジリエンス」を培《つちか》わなければならないと考えられます。レジリエンスとは挫折や困難から回復、復元する力のことで、日本語に訳せば「しなやかさ」ということになるでしょう。

このしなやかさは、若いビジネスパーソンの手本にもなるし、自分自身の存在感を示す武器にもなります。

「柳に雪折れなし」という言葉があるように、日本では古来、しなやかな強さをより評価してきました。太く強そうに見える枝は雪の重みに耐えかねてポキリと折れてしまうことがありますが、細い柳の枝は重みを受けても大きくしなってはねのけ、めったに折れません。これは経験を積んだシニア特有の強さと言えるのではないでしょうか。

屈強な筋力では若い人にはかなわないかもしれないけれど、人生経験を重ねてきた人間には、少々のことにはへこたれない強靱《きょうじん》さがあるものです。

逆に言えば、何か起こるたびに不平を言ったり、ただ嘆くだけでは、歳を重ねてきた意味がありません。ただの「老害」として孤立し、ますます苦しい立場に追い込まれるのが関の山です。困難をしっかり受け止め、前向きでしなやかな生き方・働き方を実践する。そしてその振る舞いを、背中で若手に伝える——そこに50代を生きるシニア・ビジネスパーソンの真価があるといっていいでしょう。

50代からは柔軟な働き方をする

ここである男性の話をしたいと思います。

仮にAさんとしておきましょう。彼は不動産会社に勤める勤続30年超のベテランです。営業一筋で会社のためにひたすら愚直に、誠実に、勤めてきました。しかし、おとなしく控えめな性格のせいか、役職は課長補佐どまりで、会社にとって都合の良い便利屋のようでもありました。

そして50歳を越えたころ、まったくの畑違いの広報の部署に異動することに。そこは様々な媒体を使った情報発信を担う部署で、メンバーは感度の高い若手が中心であり、全員がAさんより年下という環境です。役職は変わらないものの、当然、部下はいません。そこで行われる業務のほとんどが初めて経験するもので、右も左もわからない、まさに新入社員と同じ状況でした。部内のメンバーたちも、「なんでこんな人がうちの部署に来たんだろう」といった表情です。明らかにＡさんは浮いた存在でした。

泥臭い営業の現場しか経験のない人間にとって、見知らぬ横文字が飛び交う新部署はまるで異世界。当初は事務的な雑務くらいしかやることがありませんでした。

しかし、もともと誠実で、長い営業経験から対人スキルの高かったＡさんは、精神的に疲弊しているスタッフや、部内のちょっとした人間関係の変化を敏感に察知します。不満のたまったメンバーの話を真摯《しんし》に聞き、時にメンバー間のいざこざを仲裁し、自身の失敗談も交え人生相談に応じることもあったそうです。

そうこうするうちに彼らの仕事に興味が芽生え、畑違いとはいえ自分でもできることはあるはずと、若いメンバーに教えを請《こ》い、少しずつ仕事を覚えていきます。そして部署で運営するＷｅｂメディアに自身のブログを立ち上げ、投稿し始めます。内容は「長い営業生活で経験した心あたたまる人情話」です。30年にわたる人生経験が滲《にじ》むそのブログは大変好評で、アクセス数は今も伸び続けているそうです。

今までメールとWeb閲覧にしか使っていなかったスマホも、若いメンバーたちに便利な使い方を教わり、ブログの投稿や素材集めなど仕事に活用するだけでなく、スマホを使った新たなサービスの企画を考えるまでに至っているとのこと。最新のトレンドにキャッチアップするのは大変かもしれませんが、歳を重ねたからこそ考えられる古くも新しい企画が出せるはずだと、目は生き生きと輝いていました。

このように、**これまでのキャリアを無視したような人事異動も、組織ではよくあること**です。とくに50歳を過ぎるころには、一部の超エリートを除き、不本意な職に行かされることも多々あります。Aさんもまさにそのパターンでした。

しかし彼は、その異世界ともいえる部署で、孤立することなく自分の役割を見つけることに成功しました。誠実さと、営業で培《つちか》ったヒューマンスキルは、部内の人間関係にも活かせますし、もともと強かった好奇心でもってWebという未知の世界を楽しみました。このような振る舞いには前述の「人柄」を強く感じます。

Aさんは50歳を過ぎて、第2の仕事人生をスタートさせたといってもいいでしょう。

ベテランの「打たれ強さ」は大きな武器になる

歳を重ねた人間が「人柄（徳性）」を強みに成功した実例をご紹介しましたが、もう一つの強みである「打たれ強さ」について、私の古くからの知り合いの編集者の話を紹介していきましょう。

ずっとフリーランスとして活躍し続けてきた女性ですが、50代を目前に、人生はしだいに困難を増していきます。

彼女の夫は新聞社勤務の記者で、30代で海外特派員としてワシントンに派遣されるなど華やかなキャリアを誇っていました。二人の子どもを持つ共働きだったので、とにかくいつも忙しかったものの、好きなことを仕事にできる喜びで充実した人生を歩んでいました。

彼女の夢の一つは、定年を迎えたら夫と2人で好きな海外旅行を、それも滞在型の旅行をして、それを記事にして発信していくこと。家族・趣味・仕事――すべての大好きなことを叶《かな》えるプランでした。しかし、人生はなかなかうまくいきません。ちょうど定年まで5年を切るころに夫の糖尿病の合併症がひどくなり、人工透析を受けるようになってしまったのです。

でも、2人はあきらめません。状況の悪化はじっと耐えて受け止め、希望は失わず、「夢を叶える方法はきっとある」と信じて医師や旅行会社に相談し、辛抱強く方法を探りあてていったのです。

人工透析は事前にきちんと準備、予約しておけば、たいていの国・都市で対応してくれるシステムが整っています。一日おきに病院で数時間過ごさなければならないため、どうしても滞在日数は長くなります。ですが、最初から「滞在型の旅行」を希望していたので、それは大きな障害にはなりませんでした。

一方で費用の問題もありましたが、そこは透析費を含め、旅行にかかる費用を最優先にし、ほかの面はできるだけ倹約するという現地でのライフスタイルを確立していきます。

その際に支えになったのが、**「優雅な生活が最高の復讐《ふくしゅう》である」**という言葉だったそうです。これはスペインのことわざで、厳しい運命が襲ってきても、そのなかで目いっぱい楽しんで生きる。そうすれば、厳しい運命を笑って吹き飛ばす結果になり、運命に対する最高の復讐になるというわけです。

こうして透析しながらの海外旅行を10回以上続け、彼女はその経験をまとめます。すると、障害のある人を対象にしたツアーのアドバイザーになってほしいという依頼が舞い込んだのです。その仕事は彼女にとってもう一つの天職にもなっています。

どんなに厳しく困難な状況になっても、その状況を受け止め、耐えるべきは耐え、そこで何ができるかを考え、できることを実行していく。こういった打たれ強さは、歳を重ねることで培われていくもので、豊富な人生経験があってこその強みです。

彼女はその強みを活かして、仕事も人生も「次のステップ」へと上っていくことができました。

歳を重ねれば大なり小なり困難が押し寄せてくるものです。しかし、仮に大きな困難が襲ってきたとしても、ここで紹介した2人のように積み重ねた人生経験を活かすことで、ポジティブに、明るく楽しく仕事を続けていくことができるということを知っておいてほしいと思います。

これまでの働き方を見直す

ときどき私のところに顔を出す50代半ばのイベント会社勤務の男性がいます。彼は話すたびに「歳を重ねると、企画のひらめきとか、デザインのセンスとか、若い人にかなわないなぁとショックを受けることがけっこうあって……」などとネガティブなことを言います。

しかし、見た目も若々しく、新しい情報をよく知っていますし、話をしていても「鋭い見方をするな」と感じることも多い人で、そんなに悲観することはないのにと思ってしまいます。

そんな彼は、「同窓会などに行くと、楽しく仕事をしている人とそうでない人はすぐにわかりますね」と言います。仕事を楽しんでいる人は判断も早ければ行動もてきぱきと機敏なのだそうです。

一方で、そうではない人は「そう言えば以前、こんなことがあった」というように過去形の話が多く、あるいはテレビや新聞で聞いたような話ばかり。自分の世界を失ってしまったことが、はっきり見てとれるといいます。

ある年代になったからといって定年モードに入るのは早すぎます。50代は体も元気なら、頭もまだまだ働きます。ベテランだからこそ貢献できること、ベテランならではの役割は、職場にはたくさんあります。若い人を導く意味でも、少子化を補う意味でも、シニアはもっともっと、ベテランにしかできない働き方で社会に貢献したほうがいいと私は考えます。

「歳を重ねても、ずっと仕事をし続けたいと思っているけれど、会社からは必要とされていないようだ」と嘆く人もけっこう多いようです。しかし、これは「言い訳に過ぎない」と言ったら言いすぎでしょうか。

歳を重ねても楽しく仕事をできるかどうかの分かれ道の一つは、**早い段階から、「仕事を楽しむ」という強い意志を持って働くかどうか**でしょう。私はシニアこそ、軽やかに楽しみながら仕事をするべきだと思っています。

年金事情の厳しさから考えても、将来的には年金の支給開始年齢が70歳に引き上げられる可能性が高いでしょう。50代は、あと20年近くは現役で活躍する、活躍できるという意識を持つことが大切なのです。

当然、70歳まで今の会社で勤めるつもりはないという人もいるでしょう。しかし、50代からの働き方、時間の過ごし方が、これから先の人生に大きく影響するのは間違いありません。今までの延長線上に新しい役割が見つかる場合もあるでしょうし、将来起業するにせよ、再就職するにせよ、自分自身の棚卸《たなおろ》しをして、「肩書」でなく経験に基づいた「自分の強み」を見極めなければ、上手くいく可能性は低いといえるでしょう。

また、今の職場でしっかりした人間関係を築いておくことも大切です。人は人によって生かされるものです。ネットで手に入る情報も大切ですが、人の縁によってもたらされる「生きた情報」は何ものにも代えられません。

こんな話を聞きました。キャリアはあるのに、やる気も周囲への思いやりもないまま定年までを過ごした人の話です。社内に気心知れた友人もおらず、退職日は形式だけの送別会があり、これまた形式だけの花束を手にひっそりと会社員人生に幕をおろしたそうです。ちなみに本人は雇用延長を望んだそうですが、丁重に断られたといいます。

一方で、人の縁を大切にして、しっかりと人間関係を構築していた人もいます。彼の場合は会社から雇用延長を打診されるも、「これまでのキャリアを活かしてやりたい仕事がある」と辞退したそうです。すると、その話を聞いた職場の後輩の口利きで、やりたかったビジネススクールの講師になることに成功、定年前よりも、さらに生き生きと働いているそうです。

歳を重ねると、過去の栄光が忘れられず、プライドだけが肥大しがちです。そんな落とし穴にはまることなく、歳を重ねたからこその「しなやかさ」「おおらかさ」で人との縁を紡《つむ》いでいってほしいと思います。

孤立知らずのシニアを目指そう

閑職《かんしょく》に飛ばされる、役職定年など、シニア・ビジネスパーソンにはさまざまな壁が立ちはだかります。しかし、そんな壁をものともせず、社内で存在感を発揮し続けている人も大勢います。

ある企業の人事部長の話によると、50代を過ぎても孤立せず、生き生きと仕事をしている人には次のような共通点があるといいます。

●コミュニケーション能力のある人

意外なようですが、専門知識やスキルがいくら高くても、コミュニケーション能力が低いと、本領を発揮しづらいものです。それは歳を重ねれば重ねるほどはっきりします。自分よりもはるかに年下の社員とデスクを並べて、同じ課題に取り組むことも多いからです。

そんなとき、過去の立場にこだわらない人間関係をつくれなければ仕事になりません。年下の社員に素直に教えを乞える度量も必要です。

周囲のメンバーと良好な人間関係、もっと言えば信頼関係を築けるかどうかは、シニア・ビジネスパーソンの今後に大きな影響を与えるでしょう。

●コーディネート力がある人

歳を重ねるほど斬新なアイデアを思いついたりすることは難しくなります。日々テクノロジーが進化するなか、新たな情報を吸収し続ける力も、弱くなりがちなのは致し方ありません。

そんななか、むしろシニア・ビジネスパーソンに求められるのは、これまでの経験を活かした応用力です。たとえば状況に応じて既存の技術や戦略のなかからいいとこ取りをして組み合わせる、といったことです。

長い経験からいろいろなことを知っている。物事を多面的に見ることができる。このような人材の需要は少なくないはずです。若い人材のかけ橋になり、チームワークをうまく取り持って仕事をスムーズに、効率よく進めていく。長年仕事をしてきたベテランには、そうした能力も期待されているのです。

●気力のある人

ベテランだからと言って、過去の知識や技術にあぐらをかいているだけでは困ります。どの領域でも仕事のスキルやトレンドは日々更新されている時代なのに、そうした動きを積極的にフォローしようとする姿勢が見られない人もいます。

定年後の再雇用を考えている場合、こういった姿勢は要注意です。再雇用は2年とか3年とか期限付きで、雇用する側、雇われる側、両方の意志で契約をさらに延長するという形が多いのですが、こんな態度では「定年したらサヨナラ」で終わってしまうことになりかねません。できるだけ長く働きたいと思っているのなら、新しいことにも前向きに取り組んでいくべきでしょう。

●仕事に感謝できる人

それまで管理職だった人に多いのですが、「これだけ実績のある自分が、こんなところで働いてやっているのだ！」というような態度が透《す》けて見えるのは問題です。そもそも「仕事があること、働く場があること」に心から感謝することは、歳を重ねた大人であれば必須というより、当たり前のことでしょう。

実際、「感謝の気持ち」が行動や振る舞いから滲んでいる人は、それだけで周囲の信頼を得ることができます。それが歳を重ねたことによる「徳性」

であり、最大の武器になることはすでにお話しした通りです。

●名刺なしに自己紹介ができる人

若いころは初対面の人に挨拶することなど何の抵抗もなかったのに、歳を重ねるにつれ、新しい人と知り合うのが面倒になる人は多いようです。

損保会社で30年以上働いているある50代の人の話です。最前線の部署から別の部署に異動になり、仕事はラクながら、今の自分を人に誇ることができなくなってしまいました。それならば、いっそのこと定年後を見越して何か趣味の集まりにでも参加しようと思ったものの、その際に自己紹介をするのがなんとも億劫《おっくう》で、最初の一歩が踏み出せずにいました。

「会社の肩書を言いにくくなって初めて気づいたのですが、これといった趣味や特技がない私は、名前を言ったらほかに話すことがないんです。その現実を突きつけられて愕然としました」ということでした。

ここで少し考え方を変えてみましょう。そもそも自己紹介を億劫に感じるのは、無意識のうちに初対面の相手に良い印象を与えたいと思っているからです。もちろん、その気持ちもわかります。でも、自己紹介は面接ではありません。趣味や特技がなくても、その人の何らかの情報が相手に伝わればいいのです。

たとえば、

「はじめまして。田中と申します。最近は歴史小説に凝っていまして、特に藤沢周平の作品が好きです」

「保険会社に勤めていますが、会社以外の世界を知りたいと思い、こちらのサークルに参加させていただきました。よろしくお願いします」

などと言えれば、それで十分なのです。

自己紹介で大事なのは、聞き手に「もっと話を聞きたいな」「ぜひ話をしてみたいな」と思ってもらえることです。しかし、過去の栄光が捨てられないと、何かしら相手に「すごいなぁ」「かなわないな」と思わせようと、余計な自己アピールをしがちです。

「相手より上に立とう、相手を打ち負かそう」などと考えないことが大切です。人と比較して、**どっちが上でどっちが下かなどという基準で物事を見ていては、生き方が苦しくなっていくだけ**です。職場でも、若い人と張り合って成果の奪い合いをしていたら、ますます居場所がなくなってしまいます。

最初は受け入れづらいかもしれませんが、謙虚な気持ちで、相手を尊重する姿勢が何より大切です。子どものころ、誰かと友達になるのに名刺など必要なかったことを思い出しましょう。怖がらずに自分自身を素直にさらけ出すことが、中年以降の生き方・働き方では大事になってくるのです。

過去の栄光にすがるだけでは孤立する

ベテラン社員で自己紹介をする際に多いのは、過去の栄光から話す人です。「つい最近まで△△会社で部長をしておりました」とか、「私は30年近く、営業の最前線で活躍してきました」といった具合です。

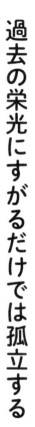

こういう人たちは、過去にエリート色の強い業種に就いていたり、実際にそれなりの実績をあげていたりします。だからこそ、「私はそこらのシニアとは違うんですよ。元エリートだったのですから」と訴えたいのですね。

しかし残念ながら、エリートだろうと何だろうと会社からの評価が下がれば、ただの元エリートです。ましてや肩書が取れてしまえば、言い方はきついですが「ただの人」になってしまいます。本人もそれを薄々感じていて、そのまま素《す》の自分で勝負する自信がないから、つい過去の栄光をひけらかしたくなるのです。

その心理は、歳を取って異性から振り向かれなくなった人が、「昔はモテたんだよ」と言ったり、ぜい肉たっぷりの人が「若い頃は折れそうなほどに痩《や》せていた」と自慢するのと似ています。正直、聞かされるほうとしては、「だから、何？ 今はそうじゃないでしょう」と言いたくなってしまいます。

最前線の企業戦士として競争社会でサバイバルしていたときは、地位の高さが武器になったのでしょう。自分を大きく見せ、相手の上にも立てたと思います。しかし、最前線から退いてからの世界では戦う必要はありません。ましてや相手の上に立つ必要もありません。昔とは違った生き方が求められるのです。そこに過去の肩書は不要なのだということを知りましょう。

最初にすべきことは、**「もう過去の栄光は足かせでしかない」と認識すること**かもしれません。過去の栄光を捨てきれないと、「部長にまで上りつめた俺が、こんな年下の上司の指示に従うなんてあり得ない」と新たな活躍のチャンスを逃したり、「この私が、こんな閑職におさまっているなんておかしいだろう」と、新たな環境に溶け込むきっかけを失ってしまいます。

ほかにも、若かりし頃はこうだった、ああだったと、過去と今を比べて、「自分も落ちぶれたものだ」と悲観的になるケースも多いようです。かつては「こんなしんどいならもう辞めてしまおうか」と思っていた激務も、いざそこから離れてしまうと、懐かしさが募って、がむしゃらに働いていたころの自分がどんどん美化されていくのです。

とはいえ、いくら望んでも過去に戻れる道はありません。また、過去の自分を捨てるのもそう簡単ではありません。なぜなら、がむしゃらに働くことが人生の大半を占めていたわけで、いきなりそれがはずされたら自分が自分でなくなってしまう気がするからです。長年かけて手に入れた地位や名声を、「役職定年を迎えたのだからすべて忘れろ」と言われても、おいそれとは従えないでしょう。

そんな人はぜひ、これからの人生を少しだけ前向きに考えてほしいのです。これまでは、自分より会社や仕事を最優先してきたかもしれません。「嫌な仕事でも会社のためと体に鞭打ってこなし、競争に勝つこと、出世することが第一と思って生きてきた。他人にどう思われようと関係ないし、それが自分のすべてだ」と。

しかし、これからの生き方はそれと真逆にしていくのです。**もっと「素の自分」を押し出していく**のです。実際、令和の世は、心の時代とも呼ばれ、人柄や生き方に価値が置かれる時代です。「本当に自分がしたいことは何か」に向き合い、今までの経験を活かして、組織に、社会に、どんな貢献ができるのかを突き詰めていくのです。

肩書や過去の栄光にすがるのは他人に認めてもらう生き方です。しっかり自分と向き合って「自分で自分を認める生き方」に切り替えていくべきでしょう。

「自分は偉かった」「○○すべき」という気持ちを手放す

ここでは、肩書や過去の栄光といったものへの執着はどうして生まれるのか、それをどうやって軽くしていくのかについて見ていきましょう。

50代は人生の多くを仕事に費やしてきたため、肩書が取れたり、閑職に異動になったりすると、自分の存在が消えてなくなってしまうような不安を感じます。そのため、「歳を重ねてもずっと尊敬され続けたい」という気持ちが強くなるわけですが、こういう社会の一員として認められたいという思いを「社会的承認欲求」といいます。

社会的承認欲求が満たされないと、どうしても感情は波立ちます。

役職定年後の新しい部署で必要以上に偉そうな態度をとってしまう人をよく見かけますが、今まで「部長」「先輩」などと言われてきた人がいきなり平社員扱いされるのですから、その気持ちもわからないではありません。しかし役付き時代と違って、新しい部署では自分は部長でも先輩でもありません。そこで偉そうな態度をとったら、疎《うと》まれて当然。その結果、ますます苛立《いらだ》って、ささいなことで感情を爆発させるシニアが後を絶ちません。

そうならないためには、少なくとも次の3点に注意することです。

1つ目は、「私は〇〇部の部長でした」などという自己紹介をしないこと。とくに幹部経験者は要注意です。たしかに、部長や局長、所長という役職まで出世したのは立派なことです。しかし、今はその役職は関係ありません。人前でそれを言うことほど恥ずかしいことはありません。過去のものとなってしまったその役職は、すでにあなたの一部になっているので、それをすべて忘れるのは難しいことでしょうが、そこに縋《すが》れば縋るほど感情が波立つことを覚えておいてください。

2つ目は「〇〇すべき」という言葉は使わないこと。「すべき」というのは、絶対的な価値基準を自分のなかに置いていて、「私は絶対に正しいから、こうするのが好ましい」と考えているために出る言葉です。しかし、立場が対等なら、そのように自分の価値観を相手に押しつけるのは間違っています。どの方法を選ぶかは相手の気持ち次第であって、なんの関係もないあなたが命じることではありません。

とはいえ、人生の先輩としてひと言くらい言いたくなる場合もあるでしょう。そんなときも「すべき」という言葉は絶対に使わないこと。その代わり、「私の経験では、こうやってうまくいったことがあります」というように、経験した事実を話すに留めておきましょう。

そして3つ目は、人格を否定しないこと。「キミはダメだね」などと平気で言うシニアがいますが、こんな発言は確実に人間関係を悪化させます。すると、ますます尊敬は得られなくなり、自分の感情はさらに波立ちます。**過去の栄光や自分の価値観を押しつけるのは、今すぐにやめる**ことです。

別の仕事をしている自分を想像する

一つの会社に長いこと所属していると、どうしても見える世界は限られてきます。社内で複数の部署を経験してきたとしても、その会社ごとの社風やルールに縛られていて、じつはそれほど視野が広がるわけではありません。今いる組織から放り出されてしまったら何もできない、途方に暮れてしまう……という人もけっこういるのではないでしょうか。

さて、そんななか、過渡期を迎え、これから第2の人生を切り開いていくためにも、視野を広げておくことは大切なことです。とはいっても、今さら転職して新たな世界に飛び込むというのも現実的ではありません。私がおすすめするのは、イメージトレーニングです。

やり方はとても簡単。一日数回で構わないので、今と違う会社で働いている自分、今と違う仕事をしている自分をイメージしてみるのです。たとえば、通勤の途中、駅のホームで電車を待っているとき、安全確認をしている駅員さんが目に入ったとしましょう。そのとき、自分が駅員さんになってお客様を案内している、あるいは、電車の運転士になって働いているところをイメージしてみるのです。

こうして文字を読むだけだと「そんな非現実的なことを……」と思われるでしょうが、実際にやってみると不思議なもので、その〝役〟になり切れるものです。

「暑い日も寒い日も、吹きさらしのホームで立ちっぱなしで働いて、今の自分じゃ体がもたないなぁ」とか、「分刻みの運行を遵守するためには1分たりとも気が抜けないし、集中力も切らさないようにしないと……」などと、自分なりの経験値と想像力で脳内で労働を繰り広げてみるのです。

また、商談が終わって取引先のお見送りした後など、自分が商談相手の部下になったつもりで、疑似反省会をしてみるのもいいでしょう。所属する会社も立場も変わることで、頭の中では自分の中の常識が崩れていくことを実感できるのではないでしょうか。

コンビニ店員、保険の営業、ニュース番組のアナウンサー、すし職人、とび職人……、いろいろな職業や肩書で、このイメージトレーニングを繰り返し行ってみてほしいのです。そしてそれを習慣化してみてください。知らず知らずのうちに世の中に対する視野が広がっていくはずです。

もしかしたら、イメージトレーニングの過程で、新たにやってみたい職業が出てくるかもしれません。今まで自分には向かないと思っていた仕事が、じつは天職だと気がつくこともあるかもしれません。

いずれにせよ、**視野が広がるということは、「自分の本心」に気がつく確率も高くなる**、ということを知ってほしいのです。自分が本当にやりたいことと、本当にしたい生き方に気づくには、広い視野で自分自身を客観的に俯瞰《ふかん》する必要があるからです。

定年後に起業をする、あるいは再就職する、今の会社で働き続ける、あるいは趣味に生きる――いろいろな道があると思いますが、正しい決断を下すためにも、視野は広く、という意識を忘れないようにしてください。

「肩書なしの自分」で仕事をする

定年前に一念発起して起業する人が増えてきました。とはいえ、長期的に計画を立てる力があり、資金が潤沢《じゅんたく》にある人を除けば、従業員を雇うような会社を起《た》ち上げるのは難しく、いわゆる「ひとり起業」という形がほとんどでしょう。そんななか、2024年秋には「フリーランス保護新法」が施行され、組織に属さず仕事をする人が増える流れは加速していくことは間違いないでしょう。

「まだまだ気力も体力も十分にあるし、このまま勤め人で終わりたくない」「最後にもう一花咲かせたい」という気持ちはよくわかります。特に男性は、「一国一城の主《あるじ》になりたい」という願望も強いため、それが独立・起業への原動力となるのでしょう。

ただし、ここで気をつけなければいけないのが、「肩書」の問題です。ひとつ例をあげましょう。

ＩＴ企業に勤務していたあるシステムエンジニアのケースです。早期退職制度を利用して、パソコンの出張サポートや修理、設定、メンテナンスなどを請け負う仕事を始めました。料金は同業他社より低く抑え、どんなトラブルにでも対応できるきめ細やかさを売りにしたのですが、なかなかお客が集まりません。ホームページも充実させ、ＳＮＳでの告知も積極的にやりましたが、まるで反響がない日が続きます。

「最近は子どもからお年寄りまで幅広くパソコンを使うようになった。けれど、いったんトラブルに見舞われるとお手上げの人が圧倒的に多い。それをきめ細やかに安くサポートできれば、確実にビジネスにつながる」と考えて起業したのです。でも、その考えは甘かったことに気づきました。

なぜなら、日本人は個人よりも法人を信用する傾向が強いので、社会的信用が低い個人事業主には飛びつかず、割高でも大手のサポート会社を利用しようと考えるためです。

起業を考えている人は、かつて有名企業にいたとしても「肩書がなければ自分はただの人」と自覚する必要がある一例です。

このシステムエンジニアはその後、公民館で無料のパソコン教室を開校し、そこに集まった人たちと新しい信頼関係を築いていきました。そのうえでビジネスを発展させていったため、現在は退職前と同じとまではいかないけれど、それなりの収入を得られるまでになったといいます。

一人でビジネスを起ち上げるのならば、企業に所属していたころとは違った、さまざまな努力が求められます。「会社」の看板がなくても人を集められなければ、そもそもビジネスが成り立ちません。

起業するうえで、もうひとつ気をつけなくてはいけないことがあります。それは、「どんな人脈を頼りにするか」です。前にも述べましたが、一番大切なのは人と人との縁、つながりです。まさに現役時代の人脈はかけがえのない財産です。

そのため、たくさんの人脈を持っている人ほど、「自分は大丈夫。現役時代に作り上げた人脈があるから」と豪語したりしますが、ここに落とし穴が潜んでいます。いざビジネスを始めてみて気がつくその落とし穴とはどんなものか、ひとつの例で見てみましょう。

大手企業のプラントエンジニアとして仕事をしていた人が、役職定年後に個人で設備工事業を始めました。さまざまな現場を渡り歩いてきたため、顔の広さと人脈には自信がありました。

起業して1〜2年は予定していた通りに仕事が入ったのですが、だんだん減っていき、3年目には受注数がガクンと落ちてしまいました。仕事を回してくれていた担当者が定年でいなくなったり、または異動などで発注担当をはずれてしまったからです。

自分が歳を取る分だけ人脈も古くなります。当たり前のことなのですが、意外に見落とされていることです。

だからこそ、仕事を長く続けようと思うのなら、古い人脈ばかりを頼らずに、常に新しい人脈を開拓する努力を怠ってはならないのです。そういった意味でも、若い人とのコミュニケーションはとても重要だと思って過ごすことをおすすめします。

先輩たちから定年後を学ぶ

自信のある、なしを問わず、50代を迎えたらぜひ試してみてほしいことがあります。それは一足先に定年を迎えた先輩たちの生活ぶりを見たり、体験談を聞くことです。

今年57歳になるCさんは、それを実践して、定年後にキャリア難民になるリスクをかなり減らすことができたと話していました。5年前に退職した元上司は、現役時代はなかなかの実力者でした。退職金でしばらくのんびり心身を休めたのち、今は現役時代のキャリアを活かして、同業他社の営業顧問をしています。

じつはけっこうな自信を持っていたCさん。彼も定年後は長年培ってきた人脈や営業力を活かして元上司と同じような仕事をしようと考えているため、上司に話を聞きに行くことにしました。ですが、そこで元上司の口から、予想外の話を聞かされることになったそうです。

「どういう形であれ、定年後もそれまでのキャリアを活かして働きたいのなら、自分の専門性や強みを言語化できるようにしておいた方がいい。会社の名刺も肩書もなくなるのだから『営業成績は常に上位でした』では何も伝わらず、紹介や声がけにもつながりにくい。それで自分は苦労した。最初の顧問契約をもらうまで1年近くかかったからね。とにかく『**自分は他の人と比べてここが違う、ここに強みがある**』**という自身の希少価値をひと言で言えるように**しておきなさい」

肩書や会社の名刺に頼らずにすむよう自分を磨いていくのは、口で言うほど簡単ではありません。「いや、自分磨きはしっかりやっている。会社の肩書なしでも大丈夫」という人も、実際に定年後、「こんなはずでは……」となることは大いにあり得ます。ですが、それも先輩の体験談として本人の口から直接聞けば、考えの甘さに気づくことができます。

Cさんは有意義なアドバイスを聞けたわけですが、逆に反面教師にできるような話を聞くケースもあるでしょう。でもそれも大きな教訓になるわけです。定年を迎えた人生の先輩から直接話を聞く意義は大きいのです。

残念なことに、**定年まで勤め上げた人が、人生の大先輩と尊敬されたのは昔のこと。**最近は「定年退職して老けこんだ先輩を見ると気持ちが沈む」「自分の行く末を見るようで、いたたまれない」などと言って、退職した先輩や元上司に会ったり挨拶に行くのを敬遠する人が増えています。

しかし、やがて自分もその先輩の年齢になるのは避けられない事実です。そのときになって孤立したり、金銭面で苦労したりしたくはありませんね。そのためにも、先輩の経験談をいろいろ聞くのは意味のある行為です。

50代を過ぎたら、できるだけたくさんの先輩を訪ねて現状を聞いて回ることをおすすめします。

望まれて働き続ける人に

中年を過ぎると、ここから先の働き方、もっと言うと生き方に向き合わざる得なくなります。不本意な配置転換や出向、賃金減額など、今までと同じ過ごし方ができなくなるような事態が起こってきます。

そんなとき自分のあり方を見直し、新たな気持ちで定年まで働く、早期退職して起業するなど、さまざまな選択肢がありますが、どんな形であっても仕事を続けたいと思う人が多いと思います。

働くことを望む場合は、「肩書や見栄はどうでもいいから、自分が日々打ち込める仕事があればそれで十分」という気持ちに切り替える必要があるのではないでしょうか。

肩書へのこだわりや過去へのプライドは百害あって一利なしなので、きれいさっぱり捨ててください。そのうえで大切なことがあります。それは「望まれて働く」ということです。つまり、**あなた自身が「周囲から望まれる人」になれているか**ということ。その視点があると、いくつになってもイキイキと働き続けることができますが、逆もしかり、です。

具体例を紹介しましょう。

ある男性は、定年後3、4カ月ほど自由な時間を得てから始動して、仕事探しにとりかかりました。ところが、現実は甘くありませんでした。「自分くらいのキャリアがあれば、就職先には不自由しないはずだ」という思惑ははずれ、第2の就職が見つかりません。仕方なく、友人の小さな会社の片隅にデスクをもらって、無給のような状態で仕事をしています。

また、「知人の会社から、ぜひ来てくれと頼まれている」と話していた別の男性の場合は、その業界に必要な資格も持っていたので、「この資格を活かして生活していけそうだ」と安心していました。

しかし、定年後にその会社を訪ねたところ、「いろいろ状況が変化しまして、その資格の方は必要がなくなりまして」と断られてしまったのです。

このように、せっかくの人生後半を「甘い見通し」で棒に振っている人がたくさんいるようです。

また、「定年後、継続雇用となって嘱託や長期パートの形で残るのは、会社にしがみついているようでイヤだ」と思う人もいるようです。

金融関係の会社の融資担当だった男性は、特に「どのくらいの資金なら融資できるか」という枠を決める仕事に関して優秀な腕を持っていたので、定年が近づいたときに、「後進が育つまで勤務してほしい。後継のスタッフの育成に当たってほしい」と依頼されました。

でも、再雇用となると待遇はグッと落ちますし、今まで部下だった人が上司になる場合もあります。定年後も会社にしがみついているのはカッコ悪いと思え、「いや、老兵は消え去るのみだから」と、あっさり断ってしまったのです。

じつは、一回断っても、もう一度頼まれるだろうから、そのときに引き受けるほうがカッコいいという見栄もあったとか。ところが、職場の上司はすぐに他から人員を回してもらい、その人の後継者にしてしまいました。

このような判断ミスから、「望まれて定年後も働き続ける」という願ってもないチャンスを失ってしまったのです。

定年後の仕事の話が自社内であったら、迷わず受け入れてもいいのではないでしょうか。定年後も会社に残るのは「カッコ悪い」ことではないと思います。それだけ今も必要とされている人材という証拠ですから。

50代で天職を手に入れた

ここではさらに、50代になってからそれまでの環境から〝卒業〟して、新たな天職を手に入れた人たちの例を3つ紹介します。

【実例①】50代からの再出発で夢を実現した

地元の信用金庫に勤めていたWさんは、50代にさしかかったころ、希望退職者の募集に応じて、早々に新しい人生を歩み始めました。

希望退職者には、退職金の大幅な上乗せなど優遇条件が用意されている場合がほとんど。その告知を見た彼は、これを機に自営業へ転身し、自分の裁量で仕事を展開してみようと決心します。幸い、一人娘はもう社会人。しかも妻も仕事を持っているので、当面、生活の心配はなさそうです。

そうして自営の道として選んだのは、はり師・きゅう師両方の資格が必要な鍼灸師《しんきゅうし》です。いずれも国家資格なので、まず受験資格を取得するには、専門学校に3年以上通って卒業しなければなりません。

専門学校では、人体の解剖学から生理学、衛生学なども勉強する必要がありますが、退職して時間がたっぷりある彼の場合、予習復習の時間も十分に取ることができました。そればかりか、関連する領域にまで学習範囲を広げて勉強するという熱の入れようでした。

希望退職のシステムを利用すると、早期のうちからセカンドライフのために、経済的な面だけでなく、じっくりと学ぶ時間を確保できるのも大きなメリットといえそうです。

最近は現代医学でも、東洋医学のはり・きゅうを取り入れるようになっていて、欧米などの病院や介護施設から求人があったりもします。それを耳にした彼は、「いずれは海外で鍼灸師として仕事をするのが、セカンドライフの夢」と新たに英会話の勉強まで始めたというのですから、かなりの行動力です。

夢を持ち、その実現に向けて努力し続ける――ひたむきさの尊さを教えてくれる事例です。

【実例②】好きなことと今の仕事の組み合わせで未来が描けた

仕事の疲れを癒《いや》すためという軽い気持ちで飼い始めた猫を、わが子のように愛するようになった男性がいます。そんな彼は、50代半ばのころに病気で猫を亡くし、軽いうつ状態になりかかりました。

ペットの多くは寿命が十数年。そのため、愛犬や愛猫がいなくなった後、悲しい日々を経験するのは避けられません。その男性も、いつまでも亡くなった〝わが子〟との思い出にひたっていたため、私は「動物に触れながら、人に役立つ仕事をしたら」とアドバイスしました。

「アニマルセラピスト」という、心や体が弱った人が動物との交流を通して、症状の回復を図るための手伝いをする仕事があります。最近では、高齢者施設や認知症の人のケアに、動物との触れ合いを積極的に取り入れるケースも増えてきていて、このアニマルセラピーの効果は非常に大きいのです。年間で20％前後も病院に行く回数が減ったというデータもあることから、医療費削減のためにも、今後、さらに盛んになると予測されています。

さて、この男性はもともと人事関係の仕事をしていることもあって、自分のキャリアを好きなこと（動物）に活かせそうなアニマルセラピストに興味を持ちます。そして今、仕事の合間を縫って勉強を始めました。

アニマルセラピストは国家資格ではなく、この資格がなければ、動物療法を手伝ってはいけないわけではありません。しかし、単に動物好きというだけでなく、やはりアニマルセラピーに対する知識や技術をしっかり持っていなければ、できない仕事です。民間団体の認定でも、アニマルセラピストの資格を持っていると、仕事先の信用も得やすいのです。

そしてなにより、大好きなものを〝学ぶ〟ことは、心を前向きにしてくれます。〝今の仕事〟もアニマルセラピーに役立つこともあって、より前向きに取り組めているといいます。

このように、本業とのシナジーを期待できる起業や転職はおすすめです。

【実例③】若い頃にあきらめた夢を定年後に実現

最後の3人目は、定年後に大きな再出発をした話で、50代のうちから定年後のことを考えて準備することの大切さを示す例として紹介します。

好きなことをあきらめて、会社員としての道を歩んできた人も少なくないと思います。Fさんは、子どもの頃からとにかく手を使って何かをつくることが大好きで、高校生になった頃からは仏像に魅せられ、大学進学にあたって「将来は仏像彫刻師になりたい」と強く希望していました。ところが、親の大反対にあい、結局、大学では経済学を専攻して、卒業後は中堅の商社に入社したそうです。

その後、結婚し2人の子どもを独立させ、定年まで勤め、「さあ、これからは本当に生きたいように生きるぞ」と決意します。

退職金の半分を渡すことで奥さんも納得してくれ、めでたく美術大学へ40年遅れの入学。社会人入学をする人が増えていて、同級生にも中高年がたくさんいて、心強かったようです。

小さな仏像なら以前からちょこちょこ彫っていたというので、大学に通って専門教育を受け、基礎的な技術を身につけるうちに長い間眠っていた才能が目覚め、しばしば学内の賞をもらうまでになります。卒業記念の大作は、出身地の県展で知事賞に次ぐ賞を受賞し、県が買い上げるという栄誉にも輝きました。

作品が認められ、自信を得た彼は、自宅の一室を制作室にリフォームし、彫刻家としての力を試すかのように、さらなる大作にもチャレンジするようになっていきます。

そうしてできた作品を檀那寺《だんなでら》に寄進したところ、好評を得て、同じ宗派の寺から、仏像の制作依頼まで飛び込んでくるという、ありがたい展開もありました。彼は今日も自分のアトリエで、仏像を彫る幸せな時間を過ごしています。

いかがでしょうか。早期退職、現在のキャリアを活かした新たな学び、定年後の大いなる再出発——3人とも、しっかりと「本当に自分がしたいこと」「今まで得てきたこと」と向き合い、人からの評価ではなく、「自分軸」で考え、行動した結果、天職に巡り合えました。

今の職場に留まる、離れる——**どのような選択でも、自分軸で考えることで人生はどんどん開けていく**、ということの一例として心に留めておいてください。

最大の武器は損得抜きの仲間です

私は、シニアが心豊かに仕事をし、お金を得るために最も必要な財産は、楽しく時を過ごせる友人・仲間だと考えています。豊かな人間関係を持っているシニアはそれだけで職場での存在感が増します。

一方で、これまで仕事一筋で生きてきた人は、仕事を通じた人間関係は損得だけで成り立つと思い込んでしまいがちです。しかし、損得関係だけで付き合っている人の名刺で名刺入れがパンパンに膨《ふく》らんでいたとしても、そういう知り合いはその場限りの関係で、本当の友人とはいえません。

もちろん、損得だけで成り立つ関係性の人がいるのは構いません。ですが、仕事を抜きにしても信頼し合える仲間、ライバル――そんな人たちがまわりにいるのといないのとでは大きな差が生じます。私は中年以降は「自分軸」で生きることをすすめていますが、そんな生き方には、損得抜きで付き合える職場や取引先や同業他社の仕事仲間は欠かせない存在です。

人間同士、気がねなく話し合えるようになるには多少の時間が必要になります。それ以上の信頼関係を結ぶには、もっと熟成期間が必要です。定年が近づいてから、あるいは退社して独立する直前になってあわてて友達づくりに奔走するようなことがないように、今のうちから信頼できる仲間をつくっておくことをおすすめします。

会社を辞めたら、定年になったら、まるで潮が引くように人が引いていってしまうというのでは、悲しい限りです。本当に信頼関係が築けた相手は、利害を超えたところに存在します。そんな友達には、会社という看板など関係ありません。

仕事を通じて知り合った損得抜きで付き合える友人の大切さを話しましたが、もう一つ、友情を交わすと仕事も人生も豊かになる人たちが存在します。それは旧友です。

ある年代になったら昔の友達に連絡してみることをおすすめします。昔の友達なら、初対面から徐々に親交を深めていくという過程を半分ほど省略できます。

昔の友人を掘り起こしてみると、様々な分野で活躍している人と再会できるはずです。仕事を通じて知り合う人は、どうしても職業に偏《かたよ》りが出てしまいます。しかし、昔の友人であれば、今の仕事ではなかなか知り合えない職業についていることもあるでしょう。

旧友が、今のあなたにとっても、これから先のあなたにとっても、新しい世界を示してくれる可能性は非常に高いといっていいでしょう。**古い友人と旧交をあたためることは、下手な異業種交流会に参加するよりはるかに有意義**なことだってあるのです。

まず、今でも年賀状をやりとりしているが、もう何年も話していないという友達に電話してみるのはいかがでしょう。話題などなんでもいいのです。「ちょっと懐かしくなって、電話してみたんだ。どうしてる？　元気か？」と正直に切り出せばいいのです。

電話なら相手の反応がわかるので、相手に脈がないと感じれば、そこで終わりにすればいいのです。なかには、あなたと同じように昔の知り合いを懐かしく思って、電話をもらったことを喜んでくれる人もいるでしょう。そういう人と旧交をあたためていけばいいのです。

何年も電話などしたこともない相手に、突然連絡するのははばかられると思う人は、同窓会に出席してみるのも、ひとつの方法です。

昔いじめられていたとか、嫌いな人がいるといった過去の嫌な思い出を引きずって、出席をためらう人もいますが、相手も自分と同様に歳をとっているのです。時間は人を変え、長い人生の経験がその人を成長させているはずです。当時は「嫌な奴」と思っていた相手も、案外、共通の悩みを抱えていて、意気投合するかもしれません。

なかには自分の経済力や社会的ステータスが、それなりに満足のいく状態でなければ出席したくないなど、プライドが邪魔をしている場合も多いようです。しかし、そんな他人との比較はもうやめようというのが本書の趣旨でもあります。

ある年齢になったら、他人軸から自分軸へ切り替える。いつまでも会社フアーストの感覚から抜けられないようでは、ここから先、仕事をしていくのがしんどいだけです。

もし、昔の仲間だからこそ、なおさら今の境遇や地位に固執して自慢や比較をしてくる相手がいたら、たとえその人との付き合いが得になりそうだなと思っても、距離を置くようにしましょう。心が楽しいと思えない付き合いは、友達という資産にはなりません。

心を解放させながら、久し振りの再会に新鮮な刺激を受けることができるのが、同窓会の醍醐味です。そこでどちらが上かといった話題をしかけてくるような嫌な人は少数です。そんなことを気にして、友達資産の宝庫である同窓会をスルーするのは、本当にもったいないと思います。

今度、同窓会の招待状が来たら、迷わず出席に○をしましょう。逆に、自分で同窓会を企画するのも、友達資産を増やす絶好の機会になるかもしれません。

中年からの感情マネジメント

「早く定年を迎えて、のんびり暮らしたい」

ビジネスパーソンなら、誰だって一度くらいはこう考えたことがあるでしょう。では、のんびり過ごすとはどんな生活をイメージされるでしょうか。

実際に定年を迎えた人の話を聞くと、「テレビやネットを見たりしていると、毎日があっという間に過ぎていく」と言う方が多いようです。疲れのたまった現役ビジネスパーソンには、魅力的な話かもしれませんね。むしろ、同じようなスタイルでストレス発散をしている人も多いでしょう。

ですが、これはあまり好ましくありません。**「長時間テレビを見続けていると、脳が萎縮する」**と指摘する脳神経の専門家が多いからです。

脳の老化で最初に影響が出るのは、思考や理性を司っている前頭葉という部分です。前頭葉が萎縮すると、感情のコントロールが利かなくなる言われています。

つまり、仕事の疲れを癒すためにという名目で、ゴロゴロしながらテレビばかり見て脳を怠《なま》けさせると、五感や知力などが衰えるより先に感情のコントロールが利かなくなる可能性が高いわけです。ちなみに、これを「感情の老化」といい、早い人では40歳代から始まるといわれています。

感情の老化が起きると、モヤモヤ、イライラした気持ちに苛《さいな》まれ、ちょっとした不満や不快を感じただけで、感情が爆発しやすくなります。その結果、職場でもトラブルを起こしたり、融通の利かない「老害」として扱われてしまったりするのです。

感情をコントロールできない人になりたくなかったら、雑用をどんどん引き受けることをおすすめします。「実績を持つ自分が、なんでそんな新人みたいなことを」という気持ちをまずは無視してください。コピー取りや荷物の受け渡し、オフィスの片付けなど、職場のあらゆるところに雑用のタネがあります。これまでのキャリアを活かして、「職場の困ったこと相談員」といったボランティアもいいかもしれません。

雑用は簡単に見えますが、実際にやってみるといろいろ考えることが多く、驚かされるものです。最前線の仕事ばかりで、こまごまとした仕事は雑務として新人や部下に任せていたという人なら、なおさら難しく、学ぶことが多いでしょう。しかし、その面倒で難しい作業や新たに学ぶことが、感情の老化防止によく効くのです。

こういった雑務を積極的にこなせば周囲にも喜ばれ、それが「何歳になっても尊敬され続けたい」という気持ちを満足させてくれます。この満足感は、感情の波立ちを抑えることにもつながりますから、雑用は〝一石二鳥の仕事〟といえるでしょう。

カッとなったらトイレへ駆け込もう

仕事をしていて、以前なら気にしなかった上司や部下のひと言にカッとなってしまったり、取引先の無理難題に逆切れしてしまったり……。思い当たる人も多いかもしれません。しかし、それでは何事もうまく運びません。

怒りやすくなる原因のひとつに前述の「感情の老化」があげられます。怒りというのは人間が持つ基本的感情のひとつで、大脳辺縁系と呼ばれる「古い脳」の部分で湧《わ》き上がります。この部分は、食欲や性欲、睡眠欲のように、動物が生きていくために欠かせない基本的な思考や本能を司っているため、とても素早く反応します。

それでもあちこちで諍《いさか》いが起きずにすんでいるのは、その怒りを前頭葉が抑えているからです。ところが、この前頭葉は仕組みが複雑なこともあって、始動が遅れがちなのです。しかも、脳のなかで最も早く老化が始まる部分でもあるため、シニアになると抑止力も弱くなります。これが「感情の老化」です。こうして怒りのコントロールが難しくなる結果、些細なことでキレてしまうというわけです。

問題を起こしたシニアの多くは、後に「あのときは、ついカッとしてしまって……」などと話しますが、このような自己嫌悪や後悔に襲われるのも、前頭葉の始動が遅れるためです。つまり、**怒りの原因から少し時間を置けば、後悔をするようなキレ方をせずにすむ**ということです。

しかも、怒りという感情は加速しやすいという性質があります。きっかけは些細なことでも、言い合いしているうちに脳の興奮が進み、怒りを制御できなくなってしまうので、早いうちに対処しなければなりません。

そのためにおすすめしたいのが、キレそうになったらトイレへ駆け込むことです。そうして前頭葉が怒りを抑えてくれるための時間稼ぎをするのです。排尿や排便をする必要はありませんが、空いているなら個室に入って便座に腰かけましょう。なぜなら、人間は狭い空間にいるほうがリラックスできるからです。しかも、トイレへ駆け込めば、怒りを感じた対象から離れることもできるので、より冷静になれます。

では、トイレの場所がわからなかったり、近くにトイレがないところでキレそうになったらどうすればいいでしょうか。とりあえず、その場で深呼吸するといいでしょう。深呼吸によって大量の酸素が脳に送り込まれて、前頭葉の働きがよくなり、自制心が強くなります。

運転中にキレそうになることもあるはずです。大事な取引先に向かう途上でイライラしていたら、それこそ取引に支障をきたします。イライラしそうなときは、窓を開けて深呼吸するといいでしょう。もし、外が暑すぎたり寒すぎたりして窓を開けられない場合には、「家に帰ってから何を食べようか」と考えましょう。

怒りを感じる大脳辺縁系は、食欲も司っています。脳というのは複数のことを考えるのが苦手なので、食べ物のことを考えていると、怒りを考えにくくなるというわけです。

大脳辺縁系は性欲や睡眠欲も司っていますから、性的なことや眠りに関することを考えても同じ効果が得られますが、運転中にはちょっとそぐわないので、やはり食べ物のことを考えるのが無難でしょうね。

すんだことは忘れる

「なぜ、あんなバカなことをしてしまったんだろう」とか、「ああ、あんなことを言わなければよかった」と後悔することはよくあります。

人間が落ち込むのは、だいたい、もう、しでかしてしまったことの後悔が原因です。ですが、すんでしまったことは、どんなに後悔してもやり直しはききません。50年も生きてくれば、もう一度の再トライが許されるほど人生は甘くないことはもう骨身にしみて知っています。だったら、すんだことはきれいさっぱり、忘れてしまうのがいちばんです。

作家の赤瀬川原平さんの著作に、ベストセラーとなった『老人力』（ちくま文庫）があります。赤瀬川さんはこの本で、物忘れ、繰り言、ため息など、これまでは耄碌《もうろく》だと片づけられてきた現象に、じつは大きな力が潜んでいると指摘しました。

この指摘は中年以降の年代にとっても、非常に有効だと私は考えます。「老人」というのは言いすぎかもしれませんので、老人力の一歩手前の「シニア力」と言ってもいいでしょうか。そうとらえると、ここに書かれていることはとても意味を持ってきます。

たとえば「忘れること」。老人でなくても50代にもなれば、若いころに比べて忘れることも増えるでしょう。

ですが、それもそれほど悪いことではありません。固有名詞などが出てこなくなっても、「やっぱり歳かなぁ？　最近ちょっと物忘れがひどくて（笑）」などと冗談交じりに言えば、「いえいえ、私もよくありますよ。出てきそうで出てこないこと」などと、話は滞《とどこお》りなく通じていくものです。

何より都合がいいことは、嫌なことなども意外と忘れやすくなるということです。もし、なかなか忘れられないモヤモヤがあったとしたら、「忘れたふり」をしてみてください。いつの間にか忘れていたりするものです。

「もう、そのことにはとらわれないでください」という場合、「ご放念ください」という言葉があります。歳を重ねると、この「ご放念」が自然にできるようになります。

「多くの忘却なくしては、人生は暮らしていけない」。フランスの作家・バルザックはこんな至言を残しています。忘れやすくなったと悩まずに、これこそシニアのゆとり、余計な気苦労をなくすポジティブな力だと考えてみてください。

周囲に感謝する人・しない人

ホンダの創業者・本田宗一郎氏はリタイア後、全国を「お礼行脚《あんぎゃ》」したことで広く知られています。

本田氏がリタイアするころには、世界的な自動車メーカーになっていたホンダですが、彼自身は高い学歴はなく、創業当時は従業員34人の小さな二輪車工場だったのです。

ここからスタートして世界のホンダとなるまでに、どれだけの人に助けられてきたことか。そう思うようになった彼は、リタイア後、ホンダの事業所、工場、販売店などを訪ねて全国すみずみまで足を伸ばし、お礼を言って回ったそうです。

大きな成功の陰には、必ず多くの助力者の存在があるものです。しかし、実際に全国を回ってお礼行脚したのは彼ぐらいではないでしょうか。

若い頃はしょっちゅうカミナリを落としていた彼が、誰に対してもひたすら感謝の念を持つようになったのは、年齢を重ねたことと無関係ではないと思います。体力や気力はもちろん、自身の能力のキャパシティは落ち、その分、人に助けられる場面が増えてきて、あらためて、これまでも自分は多くの人に助けられ、支えられてきたことに気がつくものです。

「人に感謝すること」を本当に知る。これこそ、歳を取る最大の恵《めぐ》みと考えてもいいのではないでしょうか。

人付き合いの原点は「感謝」である――これは私の不変の考えです。

配偶者、わが子、仕事仲間、友達など、近しくても、みんなが自分とは異なる人間です。だとすれば、何事も自分の思いどおりになることを望むほうが無理というもの。自分だって、相手の望むような言動を常にとっているかと自問すれば、その答えは「否」でしょう。人間は誰だって、限りなく「自己本位」「自分勝手な生き物」なのです。

その自己本位であるはずの他人が、自分と一緒に時を過ごしたり、夢や行動をともにしてくれた。それだけでも、どれだけありがたく嬉しいことか。

それがわかれば、どんな相手も心広く受け入れ、やさしく柔らかく接することができるようになるでしょう。

「わかってはいるけど、なかなか人にやさしくできなくて」と言う人には、誰とでも心やさしく付き合えるようになる、とっておきの秘訣をお伝えしましょう。

それは、**どんなときも、最初のひと言は「ありがとう」から始める**のです。相手が100%悪く、こちらにはまったく落ち度がない場合であっても、です。たとえば、「ありがとう。あなたの無理難題のおかげで、私は自分のわがままを引っ込めることができたわ」といった具合に。

これは極端な例ですが、それでも「ありがとう」という言葉には一種の魔力が宿っていて、そう言うだけで、今まで自分が気づかなかった〝相手への感謝の念〟が本当に湧いてくるから不思議なものです。

「感謝から始まる人間関係」がうまくいかないことは絶対にないと断言できます。

第2章

人間関係の基礎を学びなおす

人を惹きつける話し方

前章では、主に50代のシニア・ビジネスパーソンの働き方、仕事や職場での人間関係について、発想転換のきっかけになるヒントを述べました。この章では、対人スキルについて取り上げたいと思います。

歳を重ねるごとに過度なプライドが積み重なっていき、それがシニア・ビジネスパーソンの働き方に陰を落とす原因になっているとお伝えしましたが、もう一つ落とし穴があります。それは初心を忘れてしまうということ。

歳を重ねてベテランになっても、上司も部下も存在します。「報連相」をはじめ、挨拶や話の聞き方に謙虚でスマートなふるまいが求められることに変わりはありません。にもかかわらず、そういった基本的なコミュニケーションがとれない人も意外と多いものです。人間関係はビジネスの基本のキ。

ここからは、ベテランにとって「今さら人に聞きにくい」けれど、とっても大切なビジネス・コミュニケーションについて伝えていきます。

まず最初に触れておきたいのは「人を惹きつける話し方」です。歳を重ねるごとに話す内容に説得力が増すのが理想ですが、「人柄はいいんだけど、なんか話していると退屈しちゃうんだよね……」などと陰で言われている人はけっこういます。

その理由を分析してみると、どうやら話し方に問題があるようです。そこで、人を惹きつける話し方のポイントをいくつか紹介しておきます。

①会話はキャッチボール

人は聞くよりも話すほうが心地よいため、どうしても一方的に話しがちです。しかし、相手も同じように思っているわけで、自分のことばかり話す人とは付き合いたくないと思われてしまいます。親しくなりたいと思う相手なら、たとえ愚痴でも、親身になって最後まで話を聞くことが大切です。

②ゆっくりしゃべる

久しぶりにある有名タレントの姿をテレビで見て、驚いたことがありました。それは、滑舌《かつぜつ》が悪くなっていたことです。おそらく年齢の影響でしょうが、同じことは誰にでも起きます。このような状態で早口でしゃべると聞きづらいので、ゆっくりしゃべるように心がけましょう。

③相手の話を否定しない

話を否定ばかりされたら、不愉快になって当然です。そこで、「違うな」と思ってもすぐに反論せず、必ず「なるほど」という言葉を入れてから「しかし……」と言いましょう。こうすると、「一応、自分の意見を肯定してもらった」という心理が働くため、相手はあまり不快に感じません。

よい人間関係をつくる黄金ルール

ここでは少し実践的に考えたいので、人間関係の構築から話を進めましょう。相手との人間関係がギクシャクしていたのでは、技術もテクニックも思うように活きないからです。

よい人間関係をつくるためのルールは4つあります。

①できるだけたくさん会話を持つ
②相手を肯定する
③上手な聞き役に回る
④相手の立場になって考え、行動する

人間関係の基本は、なんといっても、相手と「①できるだけたくさん会話を持つ」ことです。よい人間関係はそこからスタートします。

たとえば、よい人間関係をつくろうとする相手が部下なら、ほめる姿勢で、上司なら教えを乞う姿勢で話しかけると、それだけで相手は聞く耳をもってくれます。

「部長、ちょっと教えていただけますか？」

「2、3分お時間をいただけますか？　お聞きしたいことがありまして……」

などと声をかけ、いろいろ教えてもらう。簡単なことでも教えを乞われれば、頼られて嫌な気持ちがする人間はいませんから、上司はあなたを好意的な目で見るようになるのです。

「②相手を肯定する」ことも大切です。誰でも経験があると思いますが、自分の意見を否定されると腹が立つもの。否定した相手には敵愾心《てきがいしん》とまではいかないまでも、不愉快な感じを抱きます。

逆にいえば、肯定されれば嬉しいものですし、その相手に好感を持つようになります。さらに相手を讃《たた》える言葉を付け加えれば万全でしょう。

「貴重なアドバイスをありがとうございます。目からうろこが落ちた気持ちです」

「専務の読みはさすがですね。とてもそこまでは考えつきませんでした」

状況に合わせ、さりげなく〝ほめ言葉〟をはさんでおくと、好感度のレベルは急上昇すること間違いなしです。

「③上手な聞き役に回る」ことも、好印象を持たれるためには不可欠です。

他人と接していて一番気分がいいのは、相手が自分の話を真剣に聞いているのが伝わってきたときだといっていいでしょう。対人関係の達人が、例外なく聞き上手であるということも、それを証明しています。

話の腰を折られたり、上の空で聞かれたりしたら、話をする意欲もしぼんで当然。表情や所作、相づちなどを駆使して聞き上手であることを印象付けてください。姿勢を正しくし、相手の目を見て真剣に聞いていることを伝え、「なるほど」「そうだったんですね」などの言葉をタイミングよく交えた相づちを打つと効果的です。

ルールの最後は、「④相手の立場になって考え、行動する」ことです。孔子の教えをまとめた『論語』にこんな言葉があります。

【己の欲せざる所を人に施すなかれ】

自分がしてほしくないことを他人にしてはいけない、という戒《いまし》めですが、ここに相手の立場になって考え、行動するためのヒントがあります。孔子の箴言《しんげん》は、裏返せば、自分がしてほしいこと、してもらったら嬉しいことを、相手に対して行うようにしなさいということです。

相手の立場になって考え、行動するというと難しく感じますが、自分がしてほしいこと、してもらったら嬉しいことを相手に対してする……これならわかりやすいのではないでしょうか。

たとえば、自分が応対した他社の営業マンが、帰り際に言った「お時間をいただいてありがとうございました」のひと言がとても感じがよかったという経験があったら、上司に相談に乗ってもらってその場を辞すときに、「失礼します」だけでなく、「お時間をいただいてありがとうございました。失礼いたします」という言い方をするように心がける。相手に心地よく受け止められる言動をすることは、相手の立場に立つことにほかならないのです。そこを意識していると、人間関係はどんどんよくなっていきます。

こういった振る舞いは、何歳になっても大切です。50代からは第2のビジネス人生のスタートでもあります。この機会に、人間関係の基本に立ち返って、今まで以上によりよい仕事をしてほしいと思います。

自己主張ばかりの相談は嫌われる

自分自身では判断できない問題、トラブルの処理、仕事が暗礁《あんしょう》に乗り上げたときの打開策などについて、上司、あるいは関係者のアドバイスや意見を求める際には、「相談」のスキルが重要になってきます。

歳を重ねると相談するのにもプライドが邪魔をする、という人も多いようです。しかし、相談を上手にできることは重要です。

では、相談をする際のポイントは何でしょうか。アドバイスを求め、それを受けたいと望み、その必要性を感じているからこそ「相談」するわけですから、何がいちばん大切かは、言わずもがな。〝聞く耳〟を持つことでしょう。

「そんなこと当たり前じゃないか。必要だから相談して意見を求める。耳を傾けなくてどうする!」

当然、そんなふうに思われるでしょう。しかし、相談して意見を求める状況には、こんな心理も働いていないでしょうか。

「自分に落ち度はないはずだ。仕事が暗礁に乗り上げたのには、別に理由があるに違いない。トラブルが起こるのはたいてい、両方に問題があるからであって、自分だけのミスではないはず……」

こうした心理が働くことは否定できません。特にベテランになればなるほどその傾向は顕著になります。傷つきたくない、ダメージは最小限に抑えたい……そんな思いに駆られるからでしょう。

ただ、自己を肯定するあまり、陥りやすいのがこんなケースです。受け取った意見にことごとく〝否定〟を繰り出すのです。

「先方にはこちらの提示をきちんと伝えてあったのですが、いざ契約の段になって、提示の内容に齟齬《そご》があると言われまして……」

「口約束だけじゃなく、きちんと文書で先方と詰めてますか」

「もちろんです。打ち合わせ後すぐに、その日の打ち合わせ内容をまとめてメールでお送りしましたから」

「送ったメールに対して、先方からは、契約以前に返信はあった？」

「いえ、確認のメールはありませんでしたが、たしかにメールは送りましたから、それを見ていないということはないと思います」

「思います、ということは、確認はしていないわけですね」

「打ち合わせから契約までは2日ほどしかありませんでしたし、それは先方も承知です。打ち合わせの段階でも確認はとりましたから、返事がなくても確認済みのものと思っております」

「で、あなたは私に何を相談にきたのですか。何をしてほしいのかな」

この例は、相談というよりは報告に終始し、自分の正当性を主張したに留まっています。正当性を言い張っているだけでは、解決策が見つかるはずもありませんね。

不測の事態からの最善策を上司に相談しているのですから、そのアドバイスに耳を傾けて、どう解決するかが大切なはず。相談しても聞く耳を持たなければ、アドバイスをしても意味がありません。これでは「相談」になっていない、ということですね。

また、こんなケースもありそうです。

「先日、部長よりご指示いただいた案件ですが、私なりに報告書にまとめてみました。時間とコストの省力化には、このシステムを導入するのがベストだと思います。いかがでしょうか？」

「なかなかいい案ですが、他の方法も考えてみたのですか？」

「この方法がベストだと思いますが、だめですか？」

「いや、だめと言っているのではないんです。他に案があれば、この方法がベストだという証明にもなるということです」

「しかし、これ以上によい方法はないかと……」

「だからそれを証明するためにも、他の案を考えてください」

この例もまったく「相談」になっていません。

〈私だって長いことこの仕事をやっているんだから、なんの問題もないはずなのに。これだから頭の固い人はやりにくいんだよな〉

と、この部下は内心むっとしているに違いありません。しかし、頭が固いのは部下のほうです。上司は提出された案に〝ノー〟を出しているのではなく、代替案と比較、検討してから判断したいと言っているのです。

相談をするからには、相手の意見に耳を傾けるのが前提です。プライドばかり高くて、主張ばかり押し通す相談は、嫌がられるだけでしょう。

あれこれ相談する人は可愛がられる

上司には、煙たがられるより、好かれるほうがいいに決まっています。そうすれば何くれとなく気にかけてくれるようになります。仕事が行き詰まったときにも親身になって助言をくれる。〝可愛げのある人〟には上司に限らず部下だって、差し伸べる手を惜しみません。

「人間には相性というものがあるから、誰もがそう思ってくれるわけではない」

と思われる方もいるでしょう。たしかにそうです。企業という〝団体〟に属しているわけですから、苦手な人の一人や二人はいても不思議ではありません。どうしてもソリが合わない人もいるでしょう。もちろん、自分が相手に対してそう思うだけではなく、相手が、こちらをどう思っているか、その

感情にもさまざまあるはずです。相性が合わないと、

「仕事はできるようだが、どうも周囲を立てるということを知らないようだ。独断で仕事を進めすぎる」

「いったい何を考えているんだ。指示を待つばかりで、意見を言うことも相談もない。仕事に積極性が見られないのは何とかならないものか」

こうなりかねません。それでも、仕事に対しての積極性が少しでも見られ、頼って相談してくれれば、何とか力になってやらないでもない……。上司はそう思っているのです。

〝可愛がられる人〟になるためのポイントは、ここにあります。

〈私はまわりから信頼される人間でありたいと思っている。頼りにもされたい。威厳をもって助言もしたい。何といっても、実績と経験もあって自分は今の立場にいるのだから、そんな自分に対しては謙虚な気持ちで助言を求め、接してほしい〉

上司の共通する思いはこれです。簡単に言ってしまえば、部下に尊敬され、好かれたいとも思っていますが、上司として、部下におもねるような接し方もできません。

あくまで上司である〝自分〟はデンと構え、「向こうから懐に飛び込んでくるのであれば、拒む理由はない」という姿勢でいたいのです。

ベテランのあなただって、部下や後輩に対して同じような思いを持ったことはあるはず。上に立つ者としての、〝沽券《こけん》を保つ〟ことへのこだわり。まだ若い年下の上司ならとにかく、上司としての経験が長くなればなるほど、その傾向は強まっていきます。

「なぜ謙虚に接することができないのか……」

上司からの助言もそこそこに独断で仕事を進めるような部下に、プライドが傷つけられたと感じている上司は、たいていこのような思いを抱きます。そして嘆息するのです。

「自分だったらもっと謙虚に人の話を聞くのに」

相談する側からすれば、それはともすれば疎《うと》ましいことですが、それを織り込んだうえで、相手の感情を微妙にくすぐるのが、教えを乞う〝相談〟です。

相談されて嫌な気分になる人間はいません。ただし、相談のレベルには注意が必要です。

「○○の件で、A社から○○のような要望が出てきたのですが、どう対処したらいいでしょうか？」

これはごく初歩の相談の仕方です。「どうしましょうか？」と、相手に答えを依存しているわけです。こうした相談のスタイルは入社2〜3年まで。ベテラン社員のすべき相談ではありません。むやみにこのような相談はすべきではないでしょう。

しかし、ベテランでも、まったく経験したことのない仕事をすることもあるでしょう。そんな場合は「自分はこの分野に関しては新入社員だ！」くらいの気持ちで堂々と相談してしまいましょう。誰でも最初は初心者です。仕事を覚えるまでは、依存型の相談にも相手はイヤな顔はしないでしょう。むしろ、頼ってくれて嬉しいと思うはずです。

未知の分野で何もわからなければ、最初は依存型の相談でもいい。とにかく飛び込んでしまうこと。そしてどんどん知識や知恵を蓄えて、「こうしたいと思うのですが、いかがでしょうか？」という一歩進んだ自立型の相談の仕方に到達すればいいのです。ベテランになってもさらに成長していく姿に、周囲は尊敬の念を抱いてくれるでしょう。

人間の心理というのは、案外と単純なものです。余分なものを削《そ》いでいくと、可愛がられる人になれます。そしてそれは、そう難しいことではないのです。

「教えを乞う」が相手の心をくすぐる

上司にアドバイスや意見を求めたりするケースでは、言い方にちょっとした工夫をすると、相手の力の入れ方が変わってきます。

「企画書の詰めの段階なのですが、もうひとつインパクトがないような気がして……。何かいいアイデア、ないでしょうか?」

たしかにアイデアや意見を求めてはいますが、これでは相手も答えようがありません。はっきりものを言うタイプだったら、「それを考えるのがあなたの仕事でしょう。自分で考えてみてくださいよ」などと突き放されてしまうのが関の山でしょう。

ここで大切なのは「教えを乞う」という姿勢です。その姿勢をきちんと言葉で表す必要があります。

「部長、少々お知恵を貸していただけないでしょうか？」

「支部長の経験をお聞かせいただけないでしょうか？」

そんなフレーズで話しかけると、相手は心をくすぐられます。もっとダイレクトに「教えていただけませんか？」を使ってもいいでしょう。

教えを乞う姿勢は、相手の能力を高く評価しているとか、その人の経験に一目置いていることを示すものです。となると、相手の気分が悪いはずはありません。**頼られることに勝る快感はない**のです。

こうなると自然とアドバイスにも意見にも力が入ります。

「キャッチコピーの部分をもっと練るといいかもしれないですね。経験からいうと、クライアントはキャッチで判断することも多いんです」

こんな感じで相談を受けた側は、真摯に相談に応じてくれるはずです。

「教えを乞う」という姿勢を言葉にすることの効果は、知っておかなければ大いなる損失です。

相談は相手をほめながらする

相談はなぜするのか。当然、相手の意見や考え、経験から培《つちか》ったやり方や知恵を引き出し、自分がとるべき行動の指針にするためです。それなら、引き出す情報は多いほうがいい。さらには相談される側に「何とかサポートしてあげることができれば……」といった気持ちまで起こさせるような〝相談〟ができればベストです。

そのためには、いったいどうすればいいのか。最も効果的なのは相手を「ほめる」ことです。

もちろん、「今日は素敵なシャツを着ていらっしゃいますね」といったたぐいのものではありません。相手が自分にしてくれている助言を「ほめる」のです。仕事に関する相談での「ほめる」は、**相手の意見に聞く耳を持ち、**

尊重し、それを言葉で、態度で示すということです。

相手を〝その気〟にさせるほめ方には、いくつかのコツがあります。

ひとつは、相手の話は最後まで聞くこと。話の腰を折るような「でも」「しかし」などは禁句です。

あなたなら、否定的な言葉を差し込まれて、それ以上の助言をしようと思いますか？　答えは「ノー」のはずです。つまり、相手の意見や考えを〝肯定〟する態度で聞くことができれば、気持ちよく助言を引き出す条件がひとつ成立するのです。相手の助言に〝賛同〟の言葉を入れることも、実のある助言を引き出すコツです。

「おっしゃるとおりだと思います」

「そういうアプローチもあったのですね」

人間は誰でも、他者に認められたいという願望を強く持っています。上司、部下、先輩、後輩、同僚、みな同じです。「ほめる」ことの効用は、ここにあります。

歯が浮くような美辞麗句を並べ立てる必要はありません。心にもないほめ言葉は見透かされてしまいます。相手からの助言が役に立とうと立つまいと、自分の要求に応じて時間を割き、言葉を投げかけてくれたことに対して、「ありがとうございます」という感謝の気持ちを持つことが大切です。

しにくい相談こそ早めに

「こんな事態になる前に、なぜもっと早く相談しなかったんですか？」

仕事上の失敗は、大なり小なりあるものです。失敗を経験しない人などいません。失敗から学ぶことは大いにあるものです。

しかし、その失敗が結果的に大きな問題にまで発展してしまうケースがあります。その多くは、好ましくない状況が発生した初期の段階での相談を怠ったことが原因です。

ビジネスの基本行動のひとつに、「悪い情報ほど早く伝えよ」というものがあります。たしかに〝べき論〟からいえば、早い段階で上司なり先輩なりに相談してしかるべきです。

ところが人間の心理というのはやっかいなもので、自らに一点の曇りもない場合は相談することになんの躊躇《ちゅうちょ》もないものですが、自分に少しでも落ち度がある場合は、何とか自分の段階で処理してしまおうと考えます。この心理も、ベテランになればなるほど顕著になります。

「これくらいのトラブルなら、何とか自分だけでも処理できるだろう。上司に報告などしたら何と言われるか。『何年この仕事やっているの？』なんて言われそうだし……」

つまり、「なかったことにできるのなら、それがベスト」と考えてしまうのです。

その心情はわからないでもありません。失敗が表面化する前に、できる範囲でカバーしようとする。自分のこれまでの経験値があれば何とかなりそうだ。いや、なるに違いない。自分が処理できることは処理してしまうのが最善の策だ――。しかし、事態はますます悪化し、どうにも自分の手に負えなくなる。こうなると、もう取り返しがつきません。

この段階に至って相談を受けた上司が発する言葉はたいていこうです。

「なぜ、もっと早い段階で相談してくれなかったんだ」

相談が遅れたことで、課や部の範囲に留まらない大きな責任問題に発展してしまうことだってあるはずです。現実に、大会社の工場などでのこうしたトラブルはよく聞く話です。そのような事態を避けるには、問題の芽を自分で抱え込んでしまわずに、早い段階で相談することです。

小さなトラブルのうちに事態を好転させておきたい。そう考えるのは、トラブルを招いた本人も、統括する人間も同じはずです。

「でも、勇気が出ないんだよな……」という人もいるでしょう。

「Aさんなら話しやすいけれど、Bさんはどうも苦手で……」

そんな気持ちを抱くのは、普段からの周囲とのコミュニケーションのとり方に問題があるというケースも多いでしょう。いい相談ならまだしも、悪い場合は、相手との関係性がネックになってしまうのです。

早い段階から相談をしやすくするには、日頃からのよいコミュニケーションの積み重ねがカギになります。**「しにくい相談ほど早くする」と意識**して、小さなミスでも普段から相談するクセをつけておきましょう。日常的によいコミュニケーションがとれていれば苦になりません。

相談で上手に根回しをする

「ビジネスパーソンにとって最も大切なことは？」

この問いにあなたならどう答えるでしょうか。

「仕事をこなす能力」と答える人が多いかもしれません。迅速かつ的確に、どんなシチュエーションにも対応できる能力を持っている。そういう人は周囲の評判だってダントツにいいはず。誰だってそう思うでしょう。

たしかにそうです。しかし、仕事をこなす能力とは、誰も考えつかないような企画を考えたり、スピーディーに仕事ができることだけではありません。**いざというときに協力者をどれだけ多く集められるか。**その能力が大切になってきます。〝できる人〟はたいていの場合、この能力に長《た》けています。

どんな業種においてもビジネスを展開するうえでは、たったひとりの個人で成し遂げることはできません。もちろん、キーマン的な存在として辣腕《らつわん》を振るう人はいますが、そのキーマンも、縦横のラインにいるすべての人を協力者にできてこそ、完成度の高い仕事ができるのです。つまり、ビジネスでの成功のカギは協力者をつくる〝コミュニケーション力〟といえます。

じつは相談するという行為が、コミュニケーションを深めるのに最大で最高のツールになるのです。

相談というと、困った事態が起こったときに「部下から上司や先輩に助言を求める」というのが普通です。この場合の相談は〝今そこにある問題〟に対して解決策を練ることが目的ですが、相談には、それ以外の〝カタチ〟もあります。それが、先々を見通した〝根回し〟としての相談です。

「根回し」というと、「裏取引か⁉」などと悪いイメージを抱く人もいるかもしれませんが、そもそも根回しの語源は〝植樹〟からきています。根がちゃんとつくように、根の先を切って細いヒゲ根を出してから植えつけることを「根回し」と言うのです。細い根が地を這い、太い根に育ち、根づく。どっしりとみずみずしい樹木が育つためのやり方です。

「根回し」というのは、ビジネスの世界では仕事を成就させるための入念な根張り行為であり、「事前準備」という言葉に置き換えることもできます。

ビジネスの世界だけではありません。政治の世界でも「根回し」は当たり前のように行われていることです。国同士のトップ会談ともなれば、事務方と呼ばれる人たちが慎重のうえにも慎重を期して事前準備に奔走します。これが、いわゆる「根回し」となるわけです。

たとえば会議の席上で、「今日こそは、これまであたためてきた企画を提案するぞ」と意気込んだとします。その案が画期的で、長い目で見れば業績アップにつながる〝妙案〟であったとしても、受け取る側に準備がない場合、「それはこれまでにない取り組みだから、慎重に考えなければ」などという理由で蹴られてしまうかもしれません。

こんなケースは古い体質の企業にはよく起こることですが、そうした組織でなくても、事前に賛同者を多く確保しておけばムダがありません。

それこそが「根回し」が生きる場面です。そしてその「根回し」の技術に関しては、歳を重ねたシニアにこそ一日《いちじつ》の長があるといえます。積み重ねてきた人脈を駆使して、上司や関係者に「ご相談しておきたいことがあるのですが……」、部下や後輩などには「協力してもらいたいことがあるのだけど、意見を聞かせてもらえないだろうか……」と事前に相談を持ちかけておくのです。

「相談は部下から上司にするもの」という固定観念を取っ払ってみると、相談相手は、周囲３６０度見渡してみればゴロゴロいるはずです。その気づきこそ、事前準備＝根回しの極意といえるでしょう。

コミュニケーション上手で心は若く！

人と積極的に関わり、円滑に会話を進めるためのツール――それがコミュニケーションです。本章でお伝えしている50代の人間関係の構築においても、コミュニケーション能力は基本中の基本であるといえます。

では、ここで改めて問います。コミュニケーションに最も必要なものは何でしょうか。

それは相手の立場や気持ちを思いやれる想像力と相手に共感できる感性です。どちらも人間ならではの、高度な脳機能にともなう精神活動です。

人と会って会話をするということは、相手の目を見て、話を聞いて、考えて、話すという非常に複雑に絡み合った作業ですから、脳神経を大いに活性化します。脳が活性化するということは、つまり脳を若く保つのに役立つということになります。つまり、コミュニケーション能力を高めることは心を老化させないことにもつながるのです。

コミュニケーション能力を高めるのは、そんなに難しいことではありません。

①自分がしてほしいことを相手にしてあげる

②自分が言われたくないことは、相手にも言わない

この2点に気をつけていれば大丈夫です。

そして、最後には相手の身になって何かを感じる、「共感する」ことこそコミュニケーションの極意です。心が老化していては、このような柔軟な想像力は生み出せません。

言ってしまえばこの「共感力」こそ、「シニアのゆとり」の源泉となっています。

孤立しているシニアの多くは「想像力」「共感力」が著しく衰えていると

言ってもいいでしょう。たとえば、決めつけで話すことが多くなったり、相手の話題を横取りしてまで自分の話をしてしまうことが増えるのは、想像力や共感力が衰えている証です。脳の柔軟性が失われ始めていて相手の気持ちを想像するのが面倒くさくなってきているのです。

人とのコミュニケーションがストレスに感じられるようになっているのなら、心の老化を意識してください。50代であっても、心は10代、20代のような柔軟さを保つことを心がけるのが肝要です。

歳を重ねたからこそ、改めてコミュニケーション能力を高めることを心がけていきましょう。会話を楽しんで知り合いの輪も広がっていけば、社内で孤立することもなくなります。好奇心も刺激されて、50代からの人生第2のステージを楽しむ活力が生まれるはずです。

ほめ言葉はコミュニケーションの潤滑油

良いコミュニケーションを妨げるものとして、よく指摘されるのが、おべっか、へつらい、ご機嫌取り……。この本でも前に話している「他人軸」での振る舞いです。

自分では巧みに相手を持ち上げているつもりでいても、口先だけのおべっか、心のないへつらい、みえみえのご機嫌取りは間違いなく相手に見抜かれています。特に歳を重ねてからの、おべっか、へつらいは、卑屈な印象をさらに強くさせるので要注意です。

「よくそこまで心にもないことが言えるものだな。いったいどういう歳のとり方をしたのだろう。こういう人間がいちばん信用できない。一緒に仕事したくないな……」

おそらく下される評価は、このようなものでしょう。

しかし、ほめ言葉がコミュニケーションの潤滑油になることは前に述べた通り。伝える側の心持ちさえしっかりしていれば、人間関係をスムーズにし、深めてくれます。人生経験に基づいた、地に足のついた自分自身の言葉で、素直に感情を表現すればいいのです。

たとえば、取引先へのさりげない気遣いなどについて、そこに対するほめ言葉を織り込んだ挨拶をした上司に対して、本当に素晴らしいと思ったら、

「おはようございます。昨日の部長のさりげない気遣いには、感動しました」

などと言ってみる。

出社早々、こんな挨拶をされたら、上司も嬉しいはずです。

「大したことじゃないよ。でもそう言ってもらえると嬉しいよ。どう、今日のお昼、一緒に行きませんか」

など、関係性もどんどん深まっていくでしょう。それは〝素直な自分の気持ち〟から出たほめ言葉だからです。

ただし、同じほめ言葉でも大袈裟すぎたりわざとらしさが感じられたりすると、逆効果にもなってしまいます。

「部長の気遣いは社内最強ですね。一生部長についていきます！」なんて言い方では「何を調子のいいことを言っているんだ。いつも口ばかりだな、キミは」なんてことになりかねません。

自分の心が動いたという事実を自分の言葉で素直に伝える、これがベストの伝え方です。

失敗を救ってもらったら何度でも「感謝」を

新入社員は失敗を繰り返しながら、ベテランへと成長していきます。あなたも新入社員のころ、幾度となく上司や先輩から救ってもらった場面もあったはずです。

思い出してみてください。それが成長の原動力になり、周囲の人との良好なコミュニケーションが形成されていったはずです。

仕事でミスをしない人などいません。大事な顧客を怒らせてしまった、締め切りを守れなかった、といった大きなものから、電話の取次ぎを上手にできなくて迷惑をかけた、遅刻したといった小さなものまでいろいろとあるでしょう。

経験を積み重ねてくると、失敗した後の対応が雑になりがちです。言い訳に終始してしまったり、責任を人に押し付けるような言動をとってしまったり。でも、**大切なのは「素直に謝ること」**です。

「申し訳ございません。私が確認を怠ったばかりに」

この態度が周囲の人の心に響いて、手を差し伸べてくれることにつながるわけです。

助けてもらったときは自然と感謝の気持ちも湧いてくるもので、ここがミスをした際のもう一つの大事なポイントです。

「このたびはありがとうございました。ご迷惑をおかけして申し訳ありませんでした」

感謝の言葉とともに、お詫びの言葉もきちんと相手に伝えましょう。これこそお礼の基本形です。

「今回もまた部長に助けていただきました。本当にありがとうございました」

同じミスは繰り返さない、これは大原則ですが、何度となく救ってもらう場面があれば、それに対するお礼の言葉を伝えましょう。

「部長がいらっしゃらなかったら、どうなっていたか……」

ミスの度合いによっては切実な危機を救ってもらう場合もありますが、救ってくれた相手に対する敬意も忘れてはなりません。

「いい勉強をさせていただきました」

最後は「ミスから学んだものは大きい。今後の教訓にします」という意思をはっきりと示しておきたいものです。歳を重ねたからこそ、初心に返って「素直な心」と「感謝の気持ち」を強く持つようにしましょう。きっと世界が変わって見えるはずです。

「かわいそうな人だ」と思えば、苦手意識は消えていく

「悪い人ではないが、なぜかウマが合わない」という人が、誰にだって一人や二人はいるものです。悪い人ではないと思える人なら、まだマシです。世の中には、意地悪な人や無責任な人、価値観が合わない人も山ほどいます。歳を重ねても、こういった人がとてつもないストレスになることは変わらないでしょう。

しかし、嫌だからといって、避けることができないのは人生の悲しい定め。それに、あれこれ難癖《なんくせ》をつけて付き合う人を選んでいたら、人間関係の幅がごく限られたものになってしまいます。

だから、「どこへ行っても自分と合わない人、嫌いな人はいる。それが社会というものなのだ」と考えて、受け入れるしかありません。

「我慢しろ」と言っているわけではありません。いちいち気にしなければいいのです。気にしないコツは、多少哀れみを加えた目で見ることです。

たとえば、会議の場で嫌なことを言われたら、「あの人は、そういう言い方しかできない可哀相な人なんだ」と思いましょう。その人のものの言い方、社内のマナーに不快感を覚えるのなら、当たり前のことすら満足にできない人だと思って、反面教師にすればいいわけです。

こうして、「私はこう思う」と自分軸で相手を眺めているうちに、嫌だという感情は消えていくものです。ただし、それでも深入りは禁物。**価値観やウマが合わない人と親しくなろうとすればするほど、嫌なところばかりが気になる**ためです。だから、このような人とは、一定の距離感を持って付き合うよう心がければいいでしょう。

こじれてしまった人間関係を修復する

ちょっとした誤解や感情のもつれで、大切な人との関係が壊れてしまうことがあります。新人の頃なら、土下座をしてでも許してもらおうとしたかもしれません。ところが、経験を積めば積むほど、慣れというか、良くも悪くも無神経になることもあって、業務上よほど重要な相手でない限り、「ダメになってしまったものは仕方がない」と、そのまま放置しがちです。

しかし、若いころと比べて、歳を重ねるほど、新しい人間関係を構築するのは難しくなります。そう考えると、もともとはよかった関係性なのに、こじれた仲を放置してそのまま関係が消えてしまうのは、もったいないと思うのです。何もせずにいたら、いつか必ず後悔するはずです。その後悔が感情を波立たせることは言うまでもありません。

そこで、こじれてしまった人間関係を修復する方法をお伝えしましょう。

まず、絶対にやってはいけない修復方法は「電話」です。喧嘩や仲違《たが》いした後は相手と顔を合わせにくいものですが、電話のように表情が見えない通信手段では気持ちが伝わりにくいことが心理学的に証明されています。つまり、仲直りしたい、申し訳ないと思っていても、それが相手にしっかり伝わらない可能性が高いというわけです。これでは、修復できる可能性は低くなりますから、必ず対面して自分の気持ちを伝えましょう。

もうひとつやりがちなのが、「オレがすべて悪かった」「言い訳はしません。ごめんなさい」という全面降伏です。これ以上の対応方法はないように思えますが、すでに感情を害している人にこんな謝罪をすると、「早く仲直りしてくれよ」「今回のことは、これでチャラね」と開き直っているような印象を与えてしまうので、逆効果です。

そこでまず、なぜ問題が起きてしまったのかを客観的に考え、相手にその考えを伝えます。たとえば、「言葉を聞き間違えた」「ついカッとしてしまった」などです。

次に、その結果、「かけがえのない友人を失いそうになっている」「後悔ばかりする日々が続いている」など、なにが起きたのかを伝えます。

最後に、「申し訳なかったと思っているので、以前と同じように付き合ってもらいたい」と、自分がどうしたいのかを正直に伝えます。そしてこれに「怒らせてしまい、申し訳ない」と付け加えれば万全です。

なかには「なぜ、自分の方ほうが先に折れなければならないんだ」と思う人もいるでしょうが、**先に折れたということは、相手よりも冷静になるのが早かったということ。**このような心の余裕を見せられるのが、長い人生を歩んできた大人の振る舞いというものです。

第3章

中年からの「お金」との付き合い方

「老後のお金、これだけ必要」に騙されない

インターネットで調べものをしていて、「4000万円の蓄えがあっても老後の生活は破綻する」という記事が目に留まりました。最近は新聞や雑誌、テレビなどでも「安心して老後を過ごすためには○千万円が必要」といった記事や話をよく見かけます。なかには「1億円あっても足りない」という評論家もいるため、50代を迎え、定年という言葉にリアリティを感じる人や、今現在それほど蓄えのない人、出向などで収入が目減りする可能性を抱えた人などは、かなり不安になると思います。その不安は大きなストレスになり、イライラも募るでしょう。

でも、「預貯金が1億円なければ幸せな老後を過ごせませんよ」と言われたところで、これから蓄えを増やすなんてことは、願ったところで正直、非

現実的だと思います。もちろん、状況は私も同じです。そう言うとすぐに「医者は金持ちだから、そんなはずはない」と言われるのですが、永年勤務医をしてきた私は、残念ながら、そんな金額とは無縁です。

無縁なことを考えるのはストレスを増やすだけで、何のメリットもありません。だから、私はそんな記事や話にはできるだけ目や耳を貸さないようにしています。一度、波立ってしまった感情を静めるのは難しいので、**感情が波立つような情報には近寄らない**ほうがいいでしょう。

とはいえ、お金のことはどうしても気になりますね。そこで、「4000万円の蓄えがあっても老後の生活は破綻する」という記事を読んでみました。すると、定年後も毎月の支出額が50万円を超えるという前提で書かれたものだとわかりました。

毎月50万円の支出ということは、年に600万円！　家賃や光熱費が含まれているとはいえ、子どもの教育費や住宅ローンを除けば現役時代だってこんなにお金を使っていた人はそういないはず。さらに詳しく見ていくと、食費が10万円、交際費が3万円、さらに小遣いがこれとは別に5万円計上されているなど、まるでバブル時代の家計簿ではありませんか。

多くの人は定年後、年金や蓄え、あるいはわずかな収入しかないわけで、これだけ湯水のようにお金を使っていたら、生活が破綻するのは当たり前でしょう。

私も何冊か本を書いていて、取材に応じることもあるので、よくわかるのですが、原稿や記事というのは「はじめに結論ありき」でまとめられるケースが多いようです。今回取り上げた記事も、もしかすると「蓄えが4000万円あっても生活が破綻する」というインパクトの強い結論を出すために、都合のよい数字を使ったのではないでしょうか。

4000万円とまではいかなくても、「夫婦2人が無理なく老後生活を送るのに必要な月額は○○万円」という記事もよく見かけます。でも、これも

「この金額がなければ生活は無理」というものではなく、「いくら欲しいですか？」と聞かれたシニアの回答を平均化している場合が多いようです。

欲しい金額を答えているのであれば、実際にはもっと低額で暮らしている人の意見でしょう。事実、こうした調査が公表されると、必ずといっていいほどＳＮＳに「そんなに必要ない」「贅沢しすぎ」などと書き込まれるのですから、「自分だけ取り残されている」などと考える必要はありません。

たしかに、お金は、あって困るものではありません。ましてや、50代も過ぎれば、若いころに比べ病気になる可能性も高くなっていきますし、最近は自然災害に遭うことも珍しくなくなりましたから、「お金はいくらあっても足りない」と考えている人も多いでしょう。

しかし、そんな〝起こるかもしれないし、起こらないかもしれない〟問題に怯《おび》えながら過ごしていたら、ストレスは溜《た》まる一方です。最近、シニアがキレる事件が頻発していますが、そのなかには「将来に対する不安」という巨大なストレスに心が押しつぶされて感情をコントロールできない人もいるのではないでしょうか。

シニアにとって最大の武器は歳を重ねたことによる「徳性」と言っている私としては、これは大きな問題だと考えます。次項でも触れますが、将来のお金についてはおおらかな気持ちで向き合うことをおすすめします。

昔の人も「ない袖は振れぬ」と言っています。自分で「何とかなる」「精一杯やった」と思えるだけのお金を用意したら、不可能な金額を言い立てる情報に心をかき乱される必要はないと思います。

細かい経済プランを立てるのはやめる

日本全国のお寺に残されている過去帳などから推定すると、江戸時代の平均寿命は45歳程度だったという記事を読みました。ところが、現在の日本人の平均寿命は男女ともに80歳を超え、世界有数の長寿国になりました。

本来、長寿はめでたいことなのですが、「お金のことを考えると、暗澹《あんたん》たる気分になる」というビジネスパーソンが増えています。彼ら彼女らをそんな気分にさせてしまったのは、前述のように「下流老人にならないために必要な預貯金額は最低4000万円」とか、「ゆとりある老後を過ごすためには1億円以上が必要」などという情報がテレビや雑誌で取り上げられているからでしょう。

でも、お金があれば幸せに暮らせるというわけではありません。世界14

3カ国の幸福度を国連が指標化した「世界幸福度報告書」では、日本の幸福度ランキングはなんと51位（2024年）。チリ（38位）やブラジル（44位）、メキシコ（25位）など、日本よりはるかに所得（GDP）の低い国のほうが上位に来ています。

将来、定年になった後、収入が減ったり、ゼロになるのは事実です。年金制度もいつまで維持されるかわかったものではありません。だから、50代の頃から「老後にいくらあれば足りるのか」「どれだけ蓄えが必要なのか」などと考えるのも当然です。

しかし、その答えは、あってないようなもの。なぜなら、月に5万円あれば十分に暮らせるという人もいれば、50万円あっても足りないという人もいるからです。それなら、4000万円や1億円という途方もない金額を見て「何とかしなければ」と焦《あせ》ったり、「下流老人になることは確実だ」と落胆する必要もないでしょう。

でも、テレビや雑誌などに煽《あお》られ、考え込んでしまうシニア男性もけっこういます。

「50代に入って数年たち、定年の二文字がちらつくようになったので、経済計画を立ててみたんです。当初は平均寿命が80歳くらいだから、退職後20年生きると考えていたんですが、叔父が95歳で矍鑠《かくしゃく》としていることを思い出して、もしかすると百歳くらいまで生きるかもしれないと思い始めた。そうすると、40年生きていくわけで、毎月使える金額は10万円にも満たない。これでは日に三度の食事を二度に減らしても足らず、お先真っ暗です」

このように、定年前からあまり先の詳細な経済プランを立てても意味がないと思います。この男性には怒られるでしょうが、いくら親戚に長寿の人がいても、自分が長生きするとはかぎりません。もしかすると、明日にでも不慮の事故に巻き込まれてこの世を去るかもしれませんし、まったく病院にかからないまま亡くなるかもしれません。逆に、難病にかかって貯金が吹き飛んでしまうことだって考えられます。

すべては「神のみぞ知る」ことですから、「40年生きたとして……」とか、「病気になったら入院費が……」などと計算しても無駄だと思うのです。

不安をあまり強く感じすぎていると、コルチゾールというホルモンが大量に分泌されることになります。コルチゾールは別名「ストレスホルモン」ともいわれ、脳の働きや免疫力を低下させます。つまり、**退職後のことを悲観すればするほど、心身に変調を来す可能性が高くなり、お金もどんどん減っていく**ようになるわけです。

だから、定年前からあれこれ細かく考えるのは、百害あって一利なし。まずは大まかな経済計画を立て、実際に定年を迎えたら、1年ごとに見直していく程度でいいでしょう。

定年間近になってから、いきなり「1億円必要」と言われても、ない袖は振れないのですから、もう少し楽観的に考えたいですね。

生活のスリム化を意識する

ショッピングモールや家電量販店へ行くと、「ボーナス一括払いでＯＫ。金利ゼロ」などという張り紙をよく見かけます。これはつまり、毎月の給料では買えないものを無理して買い、ボーナスで帳尻合わせをするということです。

最近は人手不足が深刻化して、高い時給でアルバイトを募集しているところもあり、欲しいものを買うためにダブルワークに精を出すビジネスパーソンもいると聞きます。

しかし、年金にはボーナス月はありませんし、年齢的にいつまでも仕事をかけもちしてお金を稼ぐというのは体力的にも難しいでしょう。特に50代と60代では体力面での衰えが顕著になります。体に過大な負荷をかけ続ければ体調を崩し、副業で得た収入以上の医療費がかかることもあり得ますから、絶対にやめておくべきです。

つまり、**定年が近づいたら、赤字を出さない生活に慣れていかなければならない**ということです。

たとえば、今の年収が手取り600万円で、その一割の60万円を貯蓄に回しているとすると、残りは540万円。一応、これをすべて使い切っても生活できていることになります。

しかし、定年後に入ってくる年金はこれより少なくなるのが一般的です。年金支給開始年齢が上がっているため、定年から数年間はアルバイトや再就職でやり繰りするという人も多いはずです。

公的年金と私的年金に加え、再就職やアルバイトで稼いだ合計額が300万円だったとしたら、現役時代と同じ調子でお金を使っていたら、赤字が年240万円に達します。退職金や貯蓄を切り崩して補塡《ほてん》することになりますが、こんなことをしていたら早ければ10年足らずで蓄《たくわ》えが底を突いてしまいます。最近は、「住宅ローンを完済したら退職金がなくなった」「退職金をすべて使っても完済しきれなかった」という人も多いようで、そうなるとさらに家計の緊縮化が必要です。

毎週末に外食していたなら、それを毎月1回にし、普通車に乗っているなら軽自動車への乗り換えも考えるべきでしょう。スマホも格安プランへ変更するのがおすすめです。

こうした経費は比較的簡単に削ることができるかもしれませんが、その際に注意したいのは、夫婦同意のうえで削ることでしょう。

たとえば、クルマに対する男性の思い入れは女性が想像する以上なので、妻が勝手に軽自動車に換えてしまうのはおすすめできません。また、NTTドコモなどの大手キャリアから格安スマホへの変更も、勝手にしてしまうと、「以前と使い勝手が変わって使いにくい！」と怒られるはずです。

「うちでは、夫が『家計を削るには、電気代を減らすのがいちばん』と、50アンペアだった契約を30アンペアに減らしたんです。そうしたら、エアコンをつけるとブレーカーは落ちるし、電子レンジとテレビも一緒に使えなくなりました。結局、数カ月でまた以前の50アンペアに戻しましたよ」

これはある主婦の笑い話ですが、同様のケースは多いようです。

家事を奥さんに任せっきりだった男性は、電気代にかぎらず、水道代、ガス代といった光熱費などがどれくらいかかるのかわかっていないことも多いでしょう。

どのようにして節約すればいいのかわからないという人は、ゴミの量に注目してみるといいでしょう。ゴミが多ければ無駄が多いということ。野菜は最後まで使い切るようにして、料理も食べ残しがないように適量作るよう心がけるだけでも、ずいぶん生活費を節約できるはずです。

年金が少なくても老後は楽しく過ごせます！

「年金減額」や「支給開始年齢引き上げ」「高齢者医療費負担増」など、テレビや新聞で聞きたくない話題が毎日のように取り上げられていて、50代に突入した方々も暗い気持ちになることが多いと思います。

一方、世の中には、高額の年金や貯蓄で現役時代以上の贅沢な暮らしをしていたり、億ションならぬ億ホームと言われる超高級老人ホームに入っているシニアもたくさんいます。そんな恵まれた人たちを見ると、「今まで頑張ってきたのに、どうして自分は明るい老後のイメージが描けないんだ」という怒りがこみ上げてくることもあるでしょう。

でも、それは考え方次第ではないでしょうか。少ない年金で生活することを頑張るとか苦労ではなく、工夫や楽しみととらえれば、ずいぶんと晴れやかな気持ちになると思うのです。

アメリカの行動分析学者スキナーが行ったユニークな心理実験を紹介しておきましょう。

スキナーは被験者を2つのグループに分け、一方のグループには最高の環境を、そしてもう一方のグループには悪い環境を用意しました。

たとえば、前者のグループが「テニスをやりたい」と言えば高級車でテニスコートまで送迎し、「お腹が空いた」と言えば最高級の料理をすぐに用意するといった具合です。それに対して、後者のグループには何の援助もしませんでした。

6カ月後に両グループの生活状況を調査したところ、前者のグループに所属していた人たちは昼も夜もぐうたら寝てばかりの怠け者になり、誰もが生気を失っていました。ところが、後者のグループの人たちは全員で知恵を出し合い、工夫しながらいきいきと楽しそうに生活していたのです。

たしかに、お金はいくらあっても邪魔になりませんし、あればあっただけ贅沢な暮らしができます。でも、そのような恵まれた環境に置かれると、人は何も考えなくなってしまうものなのではないでしょうか。

しかも、金銭的な制限がないと、どうしても食事や嗜好品《しこう》を自由に摂《と》るようになるため、体力や内臓の機能が衰えているシニアの場合は寿命を縮める結果を招きかねません。

これでは幸せな老後を送れたとはいえません。**人というのは、マイナス要素があるからこそ考え、成長し、人生の面白さを知ること**ができると思うのですが、いかがでしょうか。

「足るを知る」という言葉があります。これは、古代中国の哲学者老子の「足るを知る者は富む」に由来する言葉で、「満足することを知っている者は、たとえ貧しくても精神的には豊かで幸福だ」という意味です。

あれが欲しい、これも欲しいと考えていたらきりがありませんし、不幸になる一方です。たとえ退職金や年金が予想より少なかったとしても、「増やしてくれ」と言って増えるものではないのですから、その額のなかで暮らせる方法を考えましょう。あれこれ工夫をすることによって、脳もかなり活性化するはずです。

人の幸・不幸は心の持ち方次第です。「今のままで十分」と思うようにしましょう。そうすれば幸せで楽しい生活を送ることができます。

最近はシニア向けの割引サービスがいたるところで利用できますから、それを大いに利用するのも、少ないお金で楽しむコツです。頭を錆《さ》びつかせないためにも、毎日工夫しながら過ごしたいものです。

50代を迎えたらゴールドカードは不要

こんな話を聞きました。

「定年を記念して海外旅行へ行ったときに、ホテルのフロントで意外な光景を見ました。そのホテルは航空会社のスタッフの定宿《じょうやど》になっているらしく、制服姿の人たちがチェックインの手続きをしていたんですが、袖に金色の4本線を付けた人がゴールドではなくノーマルカードをフロントマンに提示していたんです。おそらく機長でしょうが、それを見て、『これからは見栄を張る必要もないから、私もゴールドカードをやめようかな』と思いました」

この人が驚いたのは、日本には「ある程度の地位の人ならゴールドカードやプラチナカードを持っているのが当然」という頭があったからでしょう。

たしかに若いころには、そんな考え方に染まるのもわかります。

しかし、ゴールドカードとノーマルカードの年会費には1〜3万円ほどの開きがあります。50代を迎え、節約を心がけなければならないシニアは、ノーマルカードに切り替えることを考えてもいいのではないでしょうか。むしろ将来、定年した暁には「クレジットカードそのものの利用をできるだけやめたほうがいい」とすら私は思っています。

こんな提案をするのは、私のクリニックを訪れる「買い物依存症」の人が増えているという現状を、目の当《ま》たりにしているためです。

買い物は楽しいものですね。気に入った靴を見つけると心拍数が2倍に跳ね上がるほど興奮する女性もいるとか。また、最近のシニアは日常生活で話す相手がいないためか、「店員さんとの会話が楽しいし、ほめてくれるので、いらないものまでつい買ってしまう」という人もいるようです。

「あの興奮をもう一度味わいたい」「店員さんにやさしくされたい」という

気持ちが強くなりすぎて、買い物依存症になってしまう場合もあるのです。

ここで注意してもらいたいのが、**「買い物好き」と「買い物依存症」はまったく違う**ということ。買い物をしても生活に何ら影響がないのが「買い物好き」で、生活に支障が出ても買い物がやめられないのは「買い物依存症」です。

特に定年前後には、この買い物依存症が発症しやすいようです。それは、退職金という大金の存在がちらつき、気が大きくなるからでしょう。最初のうちは「以前から夢だった○○を買おう」と目的を持って買い物をしていた人でも、カードを使っていると、お金を使っているという実感が湧きにくく、暴走しがちなのです。

すべてのクレジットカードを解約するというのは現実的ではないでしょうが、定年後の生活では、ノーマルカードを1枚だけ残せば十分だと思っています。

メインバンクを決めて、現金主義で

「今さらメインバンクなんて」と笑わないでいただきたいと思います。銀行やゆうちょ銀行の通帳を一度、整理してみようということです。

いろいろな理由から、いくつかの銀行に口座を持っている人もいるでしょう。それらを整理して、銀行に一つ、ゆうちょ銀行に一つの口座にし、証券会社と取引があるなら、それも一つにまとめておくのがいいと思います。

人生、何が起こるかわかりません。自分が亡くなった後の相続なども見据えて、取引のある銀行や証券会社などの金融機関はできるだけシンプルにしておくほうがいいと思います。

銀行を一つに絞り込めば、老後資金の定期預金を一カ所にまとめることにもなります。いろいろな事情で銀行に融資を申し込むときにも、1カ所にまとめたほうが残高が大きくなり、いろいろな事情でローンを組む際に審査に通りやすくなるというメリットもあります。

そして、「資産の一覧表」も作っておきましょう。預金通帳の銀行・支店名と口座番号、生命保険の証券番号などと、それらの保管場所も書いておく。定期預金の満期日などもここに書き込む。投資信託や株なども含め、老後資金の総枠を正確に把握しておきたいものです。

投資信託や株など価格が変動するものは、年に1、2回見直し、最新の数字に書き換えておくと、現況を正確に把握できることになります。

年に1、2回、老後資金の全容をチェックすることは、自分の老後の足元を見直すことにも通じます。びくびく縮こまって暮らさなくてもいいんじゃないかと思う人もいれば、もう少し締めていこうと自分に言い聞かせる人もいるでしょう。自分のお金の中間決算になりますし、将来お金が足りなくなるなどという事態に陥らないためにも大切なことです。

前の項目で「クレジットカードの利用をできるだけやめたほうがいい」というアドバイスをしましたが、日本のキャッシュレス決済比率は4割にも満たないそうです（2023年）。

この結果は、全年齢を対象にしたものですが、私のまわりの人に聞いてみると、若い人の多くは、現金はあまり持ち歩かず、ほとんどカードなどキャッシュレス決済ですまし、一方、年齢が高いほど、カード等は滅多に使わず、不安がない程度の現金をいつも持ち歩いているという人が多数でした。

私には、この「不安がない程度の現金をいつも持ち歩いている」という答えがひっかかりました。なぜなら、お財布がふくらんでいると気が大きくなって、たとえばおごらなくていい場面でも「ご心配なく、今日は私にまかせて」などと請求書を取り上げてしまうことがあるからです。

ちなみに、「おごる」という行為は、ある意味、「自分のほうが優位にある」という優越感情を確認するための行為ともいえます。30代、40代でなら後輩におごるということもあったでしょうが、最前線から一歩退《ひ》いている人も多いであろう50代になっても、このような行為をするのは、ただの見栄ではないでしょうか。

しかも**お金というのは貯めるには時間がかかりますが、使うのはあっという間**です。だから、おごり癖《ぐせ》は早めに直しておくにかぎります。

そこで見習いたいのが、「肌付金《はだつけがね》」です。ここで、御年《おんとし》69歳になる女性の話を紹介します。

「退職金にはできるかぎり手をつけたくないので、年金だけで暮らすように心がけています。そのため、財布に入れている現金はいつも5000円以下。クレジットカードも持ち歩かないので、友達には、『それじゃ心細いでしょう』と言われることもありますが、いざというときには紙入れの中に肌付金を2万円隠しているので、不安を感じたことはありません。肌付金を持ち歩くようになってから5年近くなりますが、実際に使ったことは2～3

回。でも、持っているだけで安心感がありますから、現金主義のシニアにはおすすめですよ」

肌付金とは、昔、旅人などがいざというときのために、襟《えり》の中などに縫いつけておいた非常用のお金のことです。現在では、買ってきた服の縫製《ほうせい》をほどいて現金を隠し入れるのは現実的ではありませんから、財布とは別のところにいくらかのお金を入れておけばいいでしょう。普段はそのお金をないものとして行動していれば、気が大きくなりすぎて散財する心配もなくなるはずなので、お試しください。

保険や投資は数字に惑わされない

ちょっとした数字のカラクリに惑わされて後悔しているという人がいます。

「定年を機に新しい生命保険に入り直したんです。その際、保険会社の営業マンがAプランとBプランを提示してくれました。私は支払額が安いAプランに入るつもりだったのですが、営業マンの『1日あたり200円しか違わないんですよ』という言葉に釣られてBプランに入ってしまった。たしかに一日あたり200円しか違いませんが、月にすると6000円、1年では7万3000円支払額が多くなるので、今は後悔しています」

「1日あたり200円」と「1年あたり7万3000円」は、ほぼ同じ金額をあらわしています。しかし、「1年あたり7万3000円」と聞くと「高いなぁ」と感じますが、「1日あたり200円」だと「これくらいの違いなら」と思ってしまうもの。これは、数字を細切れにすると心理負担が低くなるというテクニックを応用した表現です。つまり、安いと感じて受け入れやすくなるのです。

子どもだましのようですが、これはとても効果的なセールステクニックです。年金生活が始まる定年後は、このようなテクニックに惑わされないよう心がけましょう。

その予防方法は簡単です。「1日あたり○○円」と聞いたら、それを30倍（月単位）、または360倍（年単位）するだけです。すると「なんだ、ずいぶん高いじゃないか」とわかり、購買意欲を抑えることができます。

いざとなったら解約すればすむ場合もありますが、投資をしている人がこのような数字のマジックに惑わされると財産を失ってしまうことも考えられますから、注意が必要です。

また、投資をしていたり、過去にしたことがある人ならわかると思いますが、5万円利益が出たくらいでは満足できないものです。ところが同じ5万円でも損失が出た場合は冷や汗ものでしょう。なかには焦《あせ》って株を売却してしまう人もいるはずです。

このように**利益と損失が同額でも、人の心には損失のほうが強く印象に残ります**。しかも、一度損をした人は、よりハイリスクな行動に出がちなこともわかっています。

素人がハイリスク・ハイリターンの投資で利益をあげられることは滅多になく、こんなことを続けていれば、せっかくの退職金もあっという間に消えてしまうでしょう。そうならないためには、このような数字のマジックに惑わされないことです。

「お金は貸さない」と決める

友人にお金を貸したために絶縁することになった、というケースは世間にたくさんあります。「貸すのなら、あげたと思え。戻ってくると思うな」という言葉がありますが、金銭の貸し借りはトラブルになりやすいものです。

大切な関係を続けたいなら、お金を貸さないほうが賢明なのですが、「あなたにしか頼めない」と頭を下げられたりすれば、何とか力になりたいと思うでしょう。

でも、きちんと返されればいいのですが、返されなければ、信頼関係は失われます。

よく、「苦しいときに手を差し伸べてくれないのは本当の友達じゃない」と言う人がいますが、借金する側の勝手な論理でしょう。どんなに頼まれても、「お金は貸さない主義」と言って断ればいいと思います。

借金の申し込みを断ったために、その後の付き合いが断絶するような人は、**「いつかは自分から離れていく人だったのだ」と思えばいい**のではないでしょうか。

本当の友人であれば、断る側の気持ちもくみ取り、苦しい思いを理解してくれるはずです。心豊かな老後を過ごすためには、「人にお金は貸さない」と決めてしまえば心が軽くなるでしょう。

「何でもお金で解決」の思い込みは捨てよう

世の中には、お金があり余っている人もいます。それはそれでけっこうですが、なかには、お金があることを人に見せつけなければ満足できない人も一定数いて、なかなか問題です。そしてもう一つ問題なのが、そういった人は私の感覚では、若い人よりも歳を重ねた人に多い気がしてならないことです。

たとえば、同じ業界の有志で集まり、軽く一杯飲んだとします。そんなとき、「いやあ、このくらいの金、大したことはないから私にお任せくださ い」と、全員の分を支払おうとしゃしゃり出る。同窓会や同期会など、プライベートの場でも、二次会の費用を支払い、みなから「ごちそうさま」「すみません」などと言われていい気分にひたっている。ほかにも、ことあるごとに「そのくらいなら私が負担しますよ。別に大した金額でもないし」などと言い張る。

本人にはそこまでの意識はないのかもしれませんが、こういう人は、気がつくと、仲間から疎遠になっていることが多いものです。ビジネスの最前線から退いて、社内的な立場が脆弱《ぜいじゃく》になる反動として、お金の威力で人をつなぎとめよう――そんな思いがどこかにあるからではないでしょうか。

お金はたしかに大きな力を持っています。ある程度のことはお金で解決できるのもたしかでしょう。ですが、お金があることを誇示した瞬間、実にいやしい印象を相手に与えてしまうことも肝に銘じておくべきです。

たとえば、パーティや会合などに見栄だけで高価な指輪をつけたり、場違いな高級品で飾り立てていくのもかなりみっともない行為といえます。

50代を迎え、ビジネスの最前線から一歩退いた立場にいるのだから、これからは「お金本位ではない生き方」を示し、世の中にはいくらお金を出しても手に入らないものがあること、**お金には替えられない価値がいくらでもあることを身をもって示していく。**これこそ、50過ぎの人に託された役割の一つではないでしょうか。

たとえば、お金があり余っていて使い道に困るなら、社会貢献に差し出すなど、意義深い使い道はいくらでもあります。なぜか日本では、うなるほどのお金を持っていたとしても、社会貢献に投じる人はめったにいません。欧米では、社会的に成功を収め、生涯を支えるだけの富を手にすると、以後はボランティアなど社会貢献活動に身を投じる人が多いものです。

マイクロソフトの創業者で世界ナンバー1のリッチマンに何度もなったことがあるビル・ゲイツは、それほどの大富豪でありながら、理屈に合わないムダ遣いは絶対にしないライフスタイルを貫いていることでも有名です。自家用飛行機も所有していますが、ふだんは極力、民間の航空会社を利用しているそうです。それもエコノミークラスが多いとされ、理由は「ファーストクラスに乗ったからといって、目的地までの所要時間が速くなるわけじゃない」からだといいます。

よく食べるのはマクドナルドで大好物だそうですが、その理由は「安くて十分おいしいから」。

そんなビル・ゲイツは、現在では活動の主力を慈善活動に向けています。2000年、45歳のときにマイクロソフトのCEOを退任、奥さんのメリンダ・ゲイツ、父親のビル・ゲイツ・シニアとともに慈善団体をつくり、途上国のエイズ、マラリア、結核の根絶や教育、識字率の改善などに莫大な寄付を続けるなど、大いに貢献しています。

お金は持っているだけでは何の力も発揮しません。使って初めて本当の力を出せるものです。そして、お金の力を見せつけたいなら、身の回りに金の力を使うだけというのではなく、もっと社会的に意義あることに使うことを考えてみることをおすすめします。残したところで、あの世にお金は持っていけないのですから。

私の友人で年金からのささやかな小遣いの一部をさいて、途上国の子どもの教育費援助のための基金に参加し、毎月3000円を送っている人がいます。ときどき、援助している子どもから写真や直筆の手紙が届くのを喜びにしているそうです。

こうして社会的に意義ある活動に参加していれば、定年後の日々をただむなしいと嘆くこともなくなるでしょう。本当の意味でお金を活かすとは、こういう使い方をいうのだと私は思います。

余計な義理や見栄とは徐々に縁を切る

先々を意識して無駄な支出を避けるということを繰り返し話してきましたが、出費の内訳の中で、定年後に見直しをしたいのが「義理のお金」。お付き合いをするうえで必要となる冠婚葬祭費などです。

もちろん仕事をしている現在、すぐに手を付けろと言っているのではありません。しかし、これも再三言っている見栄や虚栄心に関わってくるところでもあるので、意識づけという意味で取り上げたいと思います。

さて、その冠婚葬祭費——今も、不幸と聞けばすぐに香典を、入学や結婚と聞けばお祝いをと、お金を包んでいる人も多いでしょう。しかし、定年後も同じようなお金の出し方をしていたら、あっという間に貯蓄は底をついてしまいます。

もちろん、お祝いや香典は一切出さずに不義理をしても貯蓄をすべきだ、と言っているわけではありません。お世話になった人やどうしても義理がある人に関するものなら、自分の納得のいく金額を包めばいいと思います。

けれど、「これは本当にお義理で……」という関係であれば、定年を機に金額をワンランク下げる、弔電や祝電だけにするなど、少しずつ変えていく必要があると私は考えます。

製薬会社を退職したある女性は、お祝いに関してはお金を包むのをやめて、相手の役に立ちそうな品物を贈るようにしました。品物を選ぶのには時間がかかりますが、金額はずいぶん抑えられるようになったといいます。

香典については、金額を下げるのに最初は抵抗があったそうですが、冠婚葬祭の本に「弔問《ちょうもん》こそが最大の弔意のあらわれである」と書かれていたのを読み、「そうか。金額じゃなく大切なのは心なんだ」と気持ちが楽になったといいます。それからは、香典の額は低くしたけれど、葬儀には必ず足を運んで、心から故人の冥福を祈るようにしているそうです。

このように、「義理は欠けないから、冠婚葬祭費は削れない」と思い込まず、**お金の代わりにたくさんの気持ちを贈るような付き合いにシフト**していけると、定年後のお金のやりくりは多少楽になるでしょう。

そして、これは定年後である必要はないかもしれませんが、ぜひ見直してほしいのが、子どもや孫にかかるお金です。特に孫にはいい顔をしたいものです。顔を見るたび小遣いをあげたり、一緒に食事をすれば当然のようにお金を出す人も多いでしょう。といっても、孫の成長にともなって小遣いの額が上がっていくようですと、台所事情はますます苦しくなるばかりです。

孫に欲しいものを買ってあげたり、小遣いをあげてしまう行動の裏には、「孫に敬ってほしい」「感謝してほしい」「慕ってほしい」という気持ちが隠されています。祖父母の立場としては当然かもしれませんが、少し考え方を変えてみることをおすすめします。

本来なら、祖父母と孫は愛情でつながるものです。しかし、金品を与える癖をつけてしまうと、損得勘定がメインになり、「お金をたくさんくれれば大切にするけれど、少ししかくれないのなら会うこともない」というような冷え冷えとした関係になってしまいます。

そこで、定年を意識し始めた機会に、お金の与え方を見直すのもいいでしょう。入学や誕生日といった特別なシーンは別として、たんに遊びに来たときの小遣いをやめたり、金額を少し下げるだけでも長い目で見れば違ってきます。

ある夫妻は、年金生活に入ってからは、孫にあげる小遣いをすべて図書カードに変えたといいます。そこには「出費を抑えたい」「孫に無駄遣いをさせたくない」という2つの気持ちが込められているそうです。

ついつい出費がかさみがちになる義理と見栄に使うお金。それらをうまくセーブできれば、本当に必要な部分にお金をかけられるのです。

モノで見栄を張る生活にサヨナラ

私は故郷が山梨県ということもあって、桃や桜の季節には今もときどき訪れて美しく染まった景色を楽しむことにしています。そのときにいつも感じるのが、軽自動車がたくさん走っているということです。

そもそも地方と都心では自動車に対する考え方が違う気がします。簡単に言うと、地方では「自動車は足」、都心では「自動車はステイタス」と考える傾向が強いのではないかと思います。

それを象徴しているのが、富裕層が集まっているとされる東京都港区で、ここではベンツがカローラの数倍売れていた時期もあるといいます。ベンツとまではいかなくても、「みんなから羨《うらや》ましがられたい」という気持ちだけで高級車を選ぶ人も多いようです。

でも、そんな気持ちも、歳を重ねたら捨てるべきでしょう。もちろん、有り余るほどのお金があって「使わなければならない」というなら問題ないでしょうが、ほとんどの人はシニアになって第一線から退き、そして定年などの過渡期を越えるごとに収入や可処分所得が減るはずです。にもかかわらず自動車や洋服、装飾品、家電製品や家具などを、金額や他人からどう見られるかという見栄で選んでいたら、羨ましがられるどころか、逆に「見栄っ張り」「背伸び」「やせ我慢」に見られてもおかしくありません。

もちろん「安かろう悪かろうでもいい」と言っているわけではありません。バブル時代を経験してきたシニアなら、「安くてもいいもの」「安くて実用的なもの」を見分ける眼を持っているはずだから、それを大いに使ってもらいたいのです。そういったお金の使い方は、歳を重ねたからこそのゆとりであり、おおいに誇っていいものだと思います。

節約とゆとりある生活の両立は、休日の過ごし方にも当てはまります。

たとえば外出を例にとっても、外出＝お金がかかるという考えは間違っています。桜の季節に少し遠くの公園まで歩いて行って花見をするなら、お金はかからないでしょう。近くの川や池、港まで自転車で行って、日がな一日釣りをして過ごすというのも贅沢な時間の過ごし方だと思います。

また、たとえば映画鑑賞など、今では50代以降で割引がきくサービスも増えてきています。ほかには、東京の「明治大学博物館」や「警察博物館」「日本の酒情報館」などは無料だし、探せば地方にも同様の無料施設があるはずです。インターネット上にも「全国無料スポット」といった情報がたくさん掲載されているから、それを活用してみるのもおすすめです。

大型のショッピングモールも穴場です。最寄りの駅から無料バスが出ているところも多いし、ここなら雨でも濡れることなくウィンドウショッピングができます。ショッピングモールには若い人も多いから、最新の流行に触れることもできますし、それが脳の活性化にも役立ちます。

要は、**楽しむ方法を真剣に探すか否か**、です。自分の趣味嗜好に合う節約とゆとりを両立させた〝マイ・エンターテインメント〟を見つけてみてください。

車は必要だろうか

地方では、鉄道やバスは一日に数えるほどの本数しかない地域もあり、車がなければスーパーや病院に行くのにも困るというケースも少なくありません。こうした車が生活の「足代わり」の場合は別でしょうが、都市部や近郊に住んでいるなら、老後も車を所有し続けるかどうか、あらためて検討してみるといいでしょう。

私は車で通勤しているので、自分の車を利用しますが、もし通勤の必要がなくなったら、車を使う機会は激減するだろうと思います。週一で大型ショッピングセンターに行くとか、たまに一泊程度の旅行に出かけるくらいという使い方ならば、車の維持費はかなり割高です。

車種や使い方にもよりますが、車の維持費は年間で約40〜60万円ほど。これに税金、ガソリン代、車検などの平均的なメンテナンス費用、任意保険料などの合計で、車の購入費（ローン）は別です。駐車場を別に借りている人もいるでしょう。車の購入費や駐車場代を別にして、**月に3～5万円というのは、ある年齢からはかなり大きな負担**だと思います。

運転が好きで、ドライブがストレス解消になる人なら、車はあったほうがいいでしょうが、そうでないなら、この3～5万円のお金で、必要なときに多少不便でもタクシーを利用すればいい、と頭を切り替えるのも大切です。

遠くへの旅行も、最近は高速バス網が張り巡らされていて、高速料金より安いくらいの費用で各地に出かけられるのです。また、旅先では、必要に応じてタクシーを利用すればいいのです。

それに、タクシーなら居眠りしても、外でお酒を飲んでも大丈夫。高齢者の運転する自動車事故が増えていますが、プロが運転するのですから、家族にとっても安心安全ではありませんか。

自分の年金をしっかり確認する

定年後の主な収入源といえば、やはり年金です。しかし、年金は仕組みが複雑で、しかも専門用語が多用されているため、隅から隅まで理解している人は少ないようです。その証拠に、定年前に、自分がもらえる年金額をきちんと知っている人は、ほんの一握りしかいません。

しかし、年金は定年後の生活を支える重要な収入源なのですから、最低限の知識は持っていたいものです。そこで、まずは年金の仕組みについてざっと触れていきます。

まず、年金には公的年金と私的年金があります。国民の加入義務がある国民年金、厚生年金が公的年金で、国民年金基金や厚生年金基金、確定給付企業年金、確定拠出年金などの任意加入のものが私的年金です。

国民年金は日本国内に住む20歳以上60歳未満のすべての人が加入しており、厚生年金は厚生年金保険の適用を受ける会社に勤務するすべての人が加入。なお公務員や私立学校の教員などは、かつては共済年金に加入していましたが、２０１５年から厚生年金に一元化され、現在は厚生年金に加入しています。

ここで疑問が浮かぶのが、「国民年金は20歳から60歳未満の人がすべて加入すると言うけれど、会社勤めや公務員で厚生年金を支払っている人も、国民年金を納めていることになるのか？」という点です。

これについては、きちんと国民年金を納めています。というのも、厚生年金は国民年金保険料を含んだ金額が、給与から一括して天引きされているからです。

そして、国民年金を納めると3種類の年金を受け取ることができます。

①老齢基礎年金…65歳からもらえる終身年金

②**障害基礎年金**…病気やけがで障害が残ったときにもらえる年金
③**遺族基礎年金**…加入者が死亡した場合、配偶者や子どもに支給される年金

私たちが「年金」と呼ぶのは主に、①の老齢基礎年金のことです。

老齢基礎年金は原則10年以上保険料を納付した人に、65歳から支給されます。20歳から60歳までの40年間、満額を納めた場合、年額81万6000円（2024年度）が支給されることになっています。

会社員や公務員の場合、この年金にさらに厚生年金がプラスされます。また、私的年金をかけてきた人はさらに上乗せされる仕組みです。

つまり、どれだけの期間加入していたか、いくら支払っていたかによって、年金の額はそれぞれ異なるわけです。その金額を知りたい場合、まずは加入者ひとりひとりに届く「ねんきん定期便」をしっかり確認してみてください。「ねんきん定期便」にはこれまでの加入状況や将来受け取れる年金見

込額が記載されています。

さらに、日本年金機構のホームページ〈nenkin.go.jp〉にある「ねんきんネット」に利用登録すれば、確認可能です。また同ホームページには、年金に関する疑問に答えるコーナーや、年金の仕組み、年金用語集、年金最新情報などが掲載されています。また、国民年金の支払いを口座振替にしたい、カードで支払いたい、免除を受けたいときなど諸々の届け出用紙もダウンロードできます。

年金はたしかにわかりにくいかもしれません。しかし、知らないと損をすることもたくさんあります。50代になったら苦手意識を捨てて、少しずつ理解を深めていってください。

年金以外の収入源について調べておく

定年後のお金の心配を少しでもなくすためには、まずは定年後、どれだけの収入が見込めるか、預貯金などの資産がどれくらいあるかを把握し、全体像をつかむとことが大切です。

年金以外の収入には、不動産収入や利子配当、子どもからの援助などがあげられますが、いちばん手っ取り早い収入といえば、やはり就労収入です。

ここでは今の会社、新しい会社を問わず、定年後に働く場合、知っておいたほうがいい情報を紹介します。

さて、そもそも年金受給が始まる65歳以降は「安い賃金で働くより、おとなしく年金をもらっていたほうが得なんじゃないか？」「仕事をして収入を得ると、年金をストップされてしまうんじゃないか？」という疑問を持つ人もいるかもしれません。

たしかに厚生年金に加入して、しっかりと働くような場合は年金が減額・停止されるケースもあります。しかし、パートやアルバイトのように短時間働く場合には、年金は減額あるいは停止の対象になりません。

ちなみに厚生年金に加入する必要があるのは、所定労働時間や日数の4分の3以上を働く人です。たとえば、働きに出た会社の1週間の所定労働時間が40時間だとしたら、丸々40時間働けば厚生年金の加入対象となりますが、4分の3の30時間未満で働く分には年金は減額されずにすみます。

60代前半では原則年金は支給されませんから、「繰り上げ受給」などの手続きをしない限り、税金や生活費を捻出《ねんしゅつ》するためにどうしても退職金などの預貯金を取り崩すことになってしまいます。

定年後の就労収入は現役時代と比べればガクンと減ってしまいますが、それでも何も入ってこないよりは格段にありがたいものです。そのうえ60代では、できることもたくさんありますし、遊んで暮らすにはもったいないでしょう。**「儲ける」という気持ちより、「毎日のランニングコストを少しでもカバーするために」**という気持ちで働くと、日常にも張りが出てきます。

また定年後に再就職し、厚生年金に加入するような働き方をして年金を減額されたとしても、デメリットばかりではありません。なぜなら、給与の中から年金の保険料が天引きされるため、その保険料を支払った分だけは会社を辞めた後の年金にプラスされ、結果として支給される額が増えるからです。

働くか働かないか、働くとしたらどのくらい働くか。いずれの選択にもメリットとデメリットがあるのを理解して、慎重にチョイスしていくとよいでしょう。

未来の退職金を意識しすぎないように注意!

超低金利の時代の現代日本で、ふつうに銀行に預けたところで利子などないに等しいです。そのせいか、定年で手に入る退職金を運用しようと考える人も多いようです。

また、企業はどこで調べてくるのか、50代も半ばを過ぎ、定年が近づくにつれ、資産運用や投資信託のダイレクトメールがぐんと増えます。当たり前ですが、それらには魅力的な文言がちりばめられています。あちこちに「貯める」とか「増やす」といった心躍る言葉が登場し、退職金を2倍3倍に増やしてハッピーライフを送っている人たちの体験談が載せられているものです。

それらを読んでいるうちに、退職金をそのまま寝かせておくのがバカバカしく思えたり、「ここで一気に大儲け！」といった気持ちになってくるのでしょう。それまでは資産運用など無縁だった人までが、こうした商品に飛びつくといいます。

しかし、そこには落とし穴が存在します。

定年を迎えたばかりのTさん（都内在住）も、その一人です。銀行のポスターに書かれていた「定年後、ある程度ゆとりのある生活を送るには月に36万円が必要」の文字に、「月々の年金収入と今の預貯金だけでは絶対に無理だ！　何とかしなければ」と焦る気持ちが生まれたといいます。

ただ、大切な虎の子を減らしたくはなかったので、素人の自分があれこれ考えるより、専門家に相談にのってもらおうと銀行を訪ねます。証券会社ではなく銀行を訪ねたのは、「長い間、預貯金で付き合いがあるので、そうそう悪いようにはしないだろう」という考えがあったからです。

そこでTさんは、「あまり大きな儲けは期待していません。リスクが少なくて、そこそこ元手が増えていくような商品を選んでください」と担当者に告げたといいます。すると担当者はじっくりTさんの話を聞いたうえで、ぴったりの商品を選んでくれました。

結果、Tさんは退職金2000万円をすべて預け、半年後に起きたリーマンショックによって500万円以上も目減りさせてしまったのです。あまりのショックに一時は寝込んでしまったというのですから、気の毒としか言いようがありません。

Tさんのように定年後に投資デビューをして痛手を負う人は後を絶ちません。もちろん、うまく資産を運用して満足している人もたくさんいます。では、彼のどこがいけなかったのでしょうか。

まず、Tさんが資産運用を思い立ったきっかけは、「月に36万円が必要」というポスターの存在です。しかし、これはあくまでポスターを作った銀行が作り出した数字。彼はこの数字に危機感を抱いて投資を決心したのですが、その前に自分の家計を見直したらどうだったでしょうか。今ある貯蓄と年金だけで十分に暮らしていけたかもしれません。安易に商品に飛びついたのがよくなかったのです。

次に問題なのは、「素人が考えるよりプロに任せたほうがいい」「銀行なら悪いようにはしない」と考え、担当者に商品選択を丸投げしてしまったことです。

もちろん、銀行側も客にあえて損をさせようとは思わないでしょう。しかし、絶対に損をしない儲かる投資などどこにも存在しません。担当者は、会社がすすめたい商品を売りたがるものですし、担当者自身が投資未経験の場合も多いのですから、過度な期待は禁物なのです。

退職金を運用するのはかまいません。ただし、その前に資産運用の本を何冊か読破し、最低限の知識を身につけてからにしたほうがいいでしょう。50代なら定年までまだ時間がありますから、しっかり資産運用の勉強をすることをおすすめします。定年後、「何がいいか選んでください」と言うのは、自らの責任を放棄していることと同じではないでしょうか。

もうひとつ大切なことは、一気に全額を投資しないこと。10万、20万といった小さな単位で買ってみて、様子を見るのも賢明な方法です。

いくら親身になってくれるといっても、客と店の担当者は赤の他人。じっくり話したといっても、お客のニーズがどれだけわかるか、はなはだ疑問です。自分の資産は自分で守らなくてはなりません。**「増やす」よりも前に「減らさない」ことが何より大切**なのです。

退職後はお金の手続きを会社任せにできない

会社勤めをしていると、面倒な税金の申告や手続きなどは会社の管理部門が代行してくれます。しかし退職したら、そういったことはすべて自分でやらなくてはいけません。当たり前のことなのですが、それをきちんと理解している人は意外と少ないものです。実際、定年してみて、あれができない、これもできない、という人が案外多いのです。

ここでは、少し先の話になるかもしれませんが、退職時に必要な税金にまつわる手続の流れについて触れておきたいと思います。あらかじめ頭に入れておくことで、いざ定年という際に、あわてず遅れず、ひとつひとつを着実にこなせるようにしておきましょう。

まず、退職の1カ月前には「退職所得の受給に関する申告書」を提出しなくてはいけません。この作業を怠ると、本来適用されるはずの控除が反映されず、一律に退職金の2割程度の所得税が差し引かれてしまいます。引かれたものに関しては翌年の確定申告を行えば返ってきますが、手続きの面倒さを考えれば、あらかじめ提出しておくに越したことはありません。

そして退職日。2種類の源泉徴収票が経理から渡されるので、内容をチェックしたうえで大切に保管しましょう。2種類のうちひとつは「給与所得の源泉徴収票」で、転職する場合には再就職先に提出しなくてはなりません。また、年末調整をせずに退職した場合、翌年の確定申告に必要となる書類でもあります。

もう1種類は「退職所得の源泉徴収票」で、やはり確定申告の際に必要となる書類です。まれに「辞めた会社の書類だから」と、深く考えずにいい加減な保管をしてしまう人がいますが、それでは困ります。退職後も必要な書類だからこそ渡される、ということを肝に銘じておきましょう。

そして退職後にいちばん留意してほしいのが、後払いしなくてはならない「住民税」です。1月から5月までに退職した人は、5月までに支払うことになっていた住民税の未納分を最終の給与から一括して払えますが、6～12月に退職した場合には、翌年の5月までの残額を後日、自分で支払わなくてはなりません。

住民税は前の年の所得に対して課税されるので、退職後で収入が減っていても現役時代の所得に応じた税額を納めなくてはなりません。前もって請求が来ることを覚悟しておかないと、「収入が減ったのにこんなに高額が請求されるなんて！」と驚いてしまうでしょう。

そしてもっとも肝に銘じてほしいのが、**公共機関の手続きは期間を過ぎてしまうと受け付けてもらえなくなる**ということです。さらに、申請の直前では必要書類が揃えられない場合もあるので、余裕を持ったスケジュールできちんと準備することを心がけましょう。

第4章

心身の健康を考える

働くことで心の若さを保つ

人生100年時代と言われるようになり、世の中には生涯現役で仕事をされている人もたくさんいます。

私が「こんなふうに生涯現役でいられたら」と思った人のひとり、故・日野原重明先生は1911（明治44）年生まれ。90歳のときに出版した『生きかた上手』が100万部を超えるベストセラーとなり、日本一有名な医師になりました。そして、100歳を超えてからも聖路加国際メディカルセンター理事長などの要職にありました。

また、作家の故・瀬戸内寂聴《じゃくちょう》さんは1922（大正11）年生まれですが、2021（令和3）年に99歳で亡くなるまで、大正・昭和・平成・令和と4つの時代を生ききり、『花に問え』や『夏の終り』『白道』『源氏物語』

現代語訳などの代表作を世に送り出しました。寂聴さんも晩年まで旺盛に執筆活動を続けられていたことは、よく知られるところです。

おふたりともご長寿で、バイタリティあふれる方でしたね。じつは、このようにずっと仕事を続けることは、心の若さを保つためには大変効果的なのです。

きっと、あなたのまわりにも若々しいご長寿のかたがいるはずです。古くからある商店街で80歳、90歳になっても元気にお店で働く人の様子を見てください。その人の表情や話し方は明るく生き生きとしていませんか？

あるいは、農業や漁業に従事している方々、またお茶やお花などの習い事の先生はどうでしょう。おそらく同じ年代の高齢者と比べたら、若々しいオーラを放っているはずです。

働くことは、生活に必要なお金を稼ぐために必要な行為ではありますが、それだけに留まらず、何かしらの生きがいをもたらしてくれます。特に年齢を重ねてからの仕事は、生きがいの比重が大きくなってきます。だからこそ、**生涯の仕事を持ち続けることは、心を若く保つうえでとても役立つ**のです。

とはいえ、90代まで生涯現役で仕事を続けられるのは、自営業などの定年制度のない仕事をしている人ばかりのようです。一般的に、企業に勤めていたら、定年後に再雇用制度で同じ会社に勤めるケースもありますが、それも長くて5年から10年くらいでしょう。

いずれにせよ、定年がある人は、できるだけ早くから退職後の生き方を真剣に考える必要があるわけです。趣味でもかまいませんので、仕事を離れた後に何をするか、どう生きるかによって、心の年齢は大きく変わります。

「老い」を意識しすぎない

言葉には目に見えない力があるようで、「老い」という言葉を聞くと、漠然とした焦りや不安を覚えて、やりきれない気持ちになる人も少なくないようです。どうやら、多くの人がこの言葉にはネガティブな印象をもっている気がします。

もちろん、年齢を重ねれば体力は落ちますし、何とかキープしたいと思ったら、かなりの努力が必要になります。また、物忘れも多くなるでしょうし、何をするのも億劫《おっくう》になったり、新しいスマートフォンや家電の操作に慣れるのも一苦労するでしょう。

若い頃の自分ならできていたことができなくなったり、時間がかかったりするから、老いをネガティブにとらえてしまうのかもしれませんね。

では、若いころと比べて、衰えはどの程度のものなのかを客観的に見てみましょう。

まず筋肉量は、70歳の人は20歳のときの3割減になると言われています。そんなに減ってしまうのかと驚くかもしれませんが、日常生活を送るのには何の支障もない程度の減り方です。

次に新しいものを取り入れる能力について考えみても、「若い頃よりもの覚えが悪くなった」「新しいものについていけなくなった」といいながらも、今のシニア世代は、ほとんどの人が携帯電話を持ち、それを使いこなしています。

ひと昔前だったら、70代、80代の人がスマートフォンでメールを打つなど考えられなかったでしょう。それが、今はごく普通にお年寄りが「スマホって便利よね。孫とＬＩＮＥのやりとりもできるし」などと話しているのです。今のシニア世代は、ひと昔前の同じ年齢の人たちより、はるかに進化しているとと思います。

どうやら、「老い」という言葉のイメージが先行して、いろいろなことをネガティブにとらえすぎているようですね。なかには、自分自身が抱えている問題を「老い」のせいにして、解決の道を閉ざしてしまっている人もいるでしょう。

だとしたら、日々の生活の中では、「老い」を意識しすぎないほうがいいと思います。

もし、どうしても老いに対する漠然とした不安がつきまとうようであれば、自分一人で考え込まず、いろいろな人の意見を聞いてみるのもおすすめです。同じ気持ちの人と出会えれば、共感してもらえるし、「私だけじゃないんだ」と、不安が小さくなることでしょう。

たとえ自分の求めるような答えが聞けなくても、**「話を聞いてもらえた」という事実だけで、心の荷物は少し軽くなる**はずです。

心の老化予防には、おしゃれをする

ＷＨＯの２０２３年版の統計によると、日本人の平均寿命は84・７歳で世界１位です。ところが、その男女差は広がる一方で、女性のほうが男性よりもどんどん長生きになっている状態です（男性81・５歳、女性86・９歳）。

女性のほうが寿命が長い理由はいろいろと考えられますが、エストロゲンなどの女性ホルモンの働きが大きく関わっていると言われています。エストロゲンは卵巣で分泌されるホルモンで、血管を柔らかくして血行を良くしてくれる優等生です。

また、女性のほうがコミュニケーション能力に長けていて、脳の活動において男性よりも優れています。いくつになっても、よくしゃべるのは圧倒的に女性のほうですね。一方の男性は、脳の老化が早まりがちです。

人と話すと脳が活性化され、心の老化予防につながりますから、元気に長生きするのは女性ということになるのでしょう。

しかし、寿命の男女差にはもっと大きな理由が考えられます。それは**「いつまでも若く美しくありたい」と思う気持ちの強さ**です。外見を美しく保っていると、鏡に映った自分の姿を見るたびに「私はまだ若い」と笑顔になり、心も若くなります。さらに、それが心の張りになり、ますます心は若く活発になるわけです。

お化粧をしたり、少しだけ流行を取り入れた服に身を包んで日々過ごすと、気分が上がります。おしゃれに気を遣うことは、心の老化予防にとても効果的で、かつ楽しいものです。

男性はリタイアしたら身だしなみにさえ気を遣わなくなる人が多く、急に老けこんだ印象になりがちです。おそらく、心も老けこんでしまっています。仕事ばかりしてきた男性はファッションに疎かったりするかもしれませんが、リタイア後にこそおしゃれに気をつけてみませんか？

おしゃれは一朝一夕《いっちょういっせき》で身につくものではありませんから、最初は女性にアドバイスしてもらうのもいいかもしれませんね。さらに、自分らしいファッションセンスを身につけるには、日頃から他の人のおしゃれに関心をもつようにします。

気にしていると、街を歩いていても、「ああ、あの人のコーディネート、いいいな」と思ったり、「頭もカラーリングするか」と挑戦する気持ちになるはずです。こんなに楽しい心の老化予防はないでしょう。

「60％主義」で生きよう

これまで真面目に生きてきた人ほど、歳を重ねてから理想と現実のギャップに悩むことが多いようです。若いつもりでいても、ちょっと前まで簡単にできたことが難しくなるなどして、体力や気力の衰えを感じると、老いた自分にショックを受けて悩んだり、元気をなくしてしまうのです。

電車に乗ったら座席に座ろうとしている自分。階段の昇り降りに手すりを使う自分。つい出不精になって家にばかりいる自分。気がつくと、老いの兆候に愕然とするかもしれませんね。

また、よく物をなくしたり、人の名前が思い出せなかったり、よく眠れなくなったりもしているはずです。こうした老化現象は避けて通れないもので、嫌でも私たちに起こる生理学的な変化です。

ほとんどの人はこれを「自然の流れ」と認識して、少しずつ老化を受け入れていきます。しかし、**認めることができず、自分を苦しめてしまう人もいる**ようです。「何も昔と変わらないよ」「若い人には負けない」と強がっていても、現実に衰えは否定できません。

誰だって、若いときと同じように何でもやりたいと望む気持ちはもっていると思います。しかし、その気持ちがあまりに強いと、ジレンマに陥って、心が疲れ果ててしまいます。そうなっては、やりたいことがあっても力を発揮できなくなるでしょう。これからも続けていきたいことがあれば、できる範囲でやればいいのではないでしょうか。

完全主義で生きてきた人は、なんでも100%やり遂げようとせず、60%の力で、余裕をもって物事に取り組む方針にギアチェンジしましょう。自分の能力と折り合いをつけ、「若いときの60%もできれば十分」と考えればイライラもなくなります。そうして、今を楽しむことに徹したいものです。

疲れたなと思ったら、すぐに休む

50代になって以降も、休日は山登りという友人がいます。彼は学生時代からの山好きで、原則として単独行のため、雪のある季節にも登ると聞いて心配になりました。

余計なこととかもしれませんが、「そろそろ山は控えたほうがいいよ。もう若くはないんだから」と口にしたところ、彼はちょっと胸を張って、こう言いました。

「いや、まだ大丈夫だよ。僕は絶対に無理はしないから。疲れたら、すぐに休めばいいいんだよ。誰かと一緒だと相手のペースに引っ張られるけど、一人だからマイペースで登れる」

これを聞いて私も、「それなら大丈夫だ」と思いました。というのも、彼は休むタイミングをちゃんと心得ているからです。疲れをコントロールできれば、蓄積しづらく、たいていのことはうまくいくでしょう。

歳を重ねるとともに、誰だって体力、集中力、持続力が落ちてきます。このゆるやかな下り坂とどう向き合うかが、上手に歳を取れるか否かの分かれ道です。

何も難しいことはありません。疲れたら休んで、すぐに疲れをほぐせばいいだけです。「まだまだいける」と、頑張りすぎて、疲れをためてしまわないことです。

パワーが落ちれば、疲れやすくなるのは当たり前ですね。以前は1時間歩き続けることができたとしても、10年たったら、1時間はちょっときついかもしれません。それなら、50分歩いて小休止をとり、また歩いてはどうでしょう。そんなコツさえわかっていれば、いつまでも好きなことを楽しめるはずです。

これは分厚い本を読む場合なども同じです。面白い本を手にすると、気持ちが逸《はや》って先へ先へとページをめくりますが、老眼なので、しばらくすると目が疲れてきます。目だけでなく、おそらく脳も疲れているはず。ここでひとまず本を置き、おいしいコーヒーでも飲んで一休みするようにしましょう。

人間の脳の集中力の限界は、およそ90分と言われていて、大学の講義時間が90～100分に設定されているのも、これを基準にしているからです。一方、まだ脳が発達途上の子どもの場合、学校の授業時間は45～50分に設定されています。

個人差はあるものの、老後は脳の力はピークアウトしていくため、だんだんと集中の限界時間が短くなるという現象が起こります。この自覚は持っていたほうがいいでしょう。

シニア世代の中には、休むこと＝怠けることだとインプットされている人

えましょう。

もいますが、休憩は怠けることではありません。その行動を続けていくためにいったん疲れた脳や体をリセットし、エネルギーを再注入することだと考えましょう。

本を読むなど脳が疲れやすい作業をしているときには、休憩時にチョコレートなどを補給するのもいいですね。甘いものは脳の働きをよくするエネルギー源になるだけでなく、心も幸せにしてくれます。幸福感を感じると、脳にはアナンダマイドという、やる気を出す脳内物質が分泌されるため、休憩後はまたスムーズに作業を進められるはずです。

ウォーキングで健康維持

健康を維持するために運動をするなら、激しく体を動かす無酸素運動よりも、比較的長時間続けられる有酸素運動が向いています。体に酸素をたくさん取り入れる有酸素運動には、ウォーキングやジョギング、エアロビクス、サイクリングなどがありますが、私がおすすめしたいのは、体に負担をかけずにすむウォーキングです。

ウォーキングは、散歩のときよりも少し背筋を伸ばして、少し早いペースで歩くだけでいいので、誰でもすぐに始められます。最初は1分間に80メートル前後のペースで歩いて、慣れたら1分間に100メートル弱のペースに上げていきましょう。

まずは休憩時間を含めて30分ほど歩けば十分です。慣れてきたら、1時間程度まで延ばしてみてください。「健康のためには1日に1万歩歩きましょう」とよく言われますが、距離に目安はありません。**1万歩という数字にこだわりすぎているとストレスや無理の原因になる**ため、気にせず自分のペースでやりたいものです。

体の調子は毎日異なるので、いつもより短い時間や距離でも、疲れてしまったり、気分がすぐれない日もあります。そんなときはすぐに休憩して、落ち着いてからゆっくり帰りましょう。

これまであまり歩く習慣がなかったり、足腰に自信がない人は両手にストックを持って歩く「ノルディックウォーキング」がいいかもしれません。万が一、転びそうになっても、ストックがあれば安心ですし、バランスよくストックを持って上半身の筋肉を動かしながら歩くことで、運動量は普通のウォーキングよりも多くなります。

半身浴でストレスに負けない

物価高の今、年金暮らしのシニアのなかには日々の生活費をギリギリまで切りつめている人が少なくありません。入浴にかかるガス代や水道代もその対象だと思いますが、体のことを考えたら、これはあまり切りつめないほうがよいでしょう。

「体の汚れを落とすだけなら、さっとシャワーを浴びるだけでも十分」と湯船に入らない人もいるかもしれませんが、湯船に入らない生活が続くと、体がリラックスできず、いつの間にかストレスに弱くなってしまいます。

そこでおすすめしたいのが、半身浴です。

半身浴は、みぞおちあたりまでお湯につかる入浴方法で、体内の温度がゆっくり上昇して血流がよくなり、全身をリラックスさせられます。

リラックスした気分を感じられたら、副交感神経が働き出して脳の緊張がほぐれた状態です。また、**血流がよくなると、全身に新鮮な血液が循環し、脳だけではなく内臓の働きも活発になります。**その結果、気力が充実して、ストレスに負けない体をつくることができるのです。

半身浴は、この先も元気で生きていくために、シニアにうってつけの入浴方法だと思います。ただし、効果を十分に得るためには、次の4点を守ってください。

①お湯はぬるめの38~40℃。入った瞬間に「ちょっとぬるすぎるかも」と感じるくらいの温度です。温度が高いとリラックス効果が薄れます。
②お湯の量は湯船につかったときに、みぞおちがつかるくらいで十分です。
③入浴時間は最低でも20~30分必要なので、タイマーなどで計りましょう。
④入浴しながら手足をのびのび伸ばします。
顔や上半身から汗が出てきたら、上手に半身浴ができています。

信頼できる「かかりつけ医」を見つけましょう

元気に過ごすためには、自分で体調管理をするとともに、もうひとつ大切なことがあります。それは、かかりつけ医を持つことです。

このようにアドバイスをしても、「かかりつけ医よりも大病院へ行ったほうが安心」と考える人がまだ多かったりします。

しかし、大きな病院には名医がいるから安心という考え方は間違っています。たとえ名医がいたとしても、一度受診しただけでは患者さんの体調や病状を判断できないこともあるのです。たとえ同じ病気でも人それぞれ異なった症状が出ることが珍しくありません。

一方、かかりつけ医なら、あなたの健康に関する情報もカルテに蓄積されているため、わずかな体調変化でも察知が可能です。

誤解がないように言うと、かかりつけ医＝長年通っている病院という意味ではありません。長年通っていても、医師ときちんと話ができるような関係でなければ残念ながら、ほかの病院を探したほうがいいでしょう。**かかりつけ医とは良好な信頼関係が築けていなければなりません。**

医師や病院と良好な関係を築くためには、わからないことがあったら遠慮せずに質問を重ね、病状の経過や治療方法についてもしっかり話し合うのがいちばんです。

とはいえ、「先生にあんまり質問するのは失礼だから」「ほかの患者さんが待っているから」といった理由で、質問を躊躇《ちゅうちょ》するシニアも少なからずいます。

たしかに、高齢化に伴って病院はどこもパンク寸前です。そのうえ医師不足も深刻です。でも、どんなに忙しくても、医師には患者さんの質問に答える義務があります。

最近は特に病院や医師が「インフォームド・コンセント（正しい情報を得たうえでの治療の合意）」を重視するようになっているため、患者さんの質問をきちんと受け止めてくれるはずです。

ただし、的外れな質問や同じことの繰り返しは避けるべきですね。「質問しようと思っていても、診察室へ入ると緊張して忘れてしまう」というなら、質問事項を箇条書きにしておくといいでしょう。

病気との上手な付き合い方

「健康ブーム」という言葉が雑誌やテレビを賑わせて久しい感があります。それについて、故・立川《たつかわ》昭二先生（北里大学名誉教授）は「健康ブームというのは、健康人が増えることではなく、むしろ、健康を気にかける人、健康に不安な人が増えることをいう。あるいは不健康ブームというほうが正確かもしれない」と指摘していました。

私も同じ考えです。健康診断で血圧が高めと診断されたら不安になるかもしれませんが、「わずかな数値の違いに一喜一憂する必要はありません」とあえて言わせていただきます。

人が半世紀を超えて生きていれば、あちこちに不調が出るのは当たり前です。数値が多少高くても、日常で健康管理をして、適切な治療を受けて体調をコントロールできているなら、それ以上悩んでもしょうがありません。「病は気から」の教えのとおり、深刻に考えすぎたり悲観的になるのはいけません。統合医療SDMクリニック院長・川嶋朗《あきら》先生の著書『医者が教える 人が死ぬときに後悔する34のリスト』にも、「ガンになってからの生存率が最も低いのは絶望してしまう人」と記されています。人間は、気持ちが負けると病気に命を奪われてしまうのです。

病気と診断されても、気落ちしたり人生を投げ出してはいけません。定期的に病院に行くようになったなら、「検診を受けられて安心だ」くらいに考えてみるといいと思います。「一病息災」という言葉のとおり、ひとつくらい病気がある人のほうが体を大切にして健康でいられますから。

「兄弟が7人いましたが、生きているのは自分だけで」という85歳の人の話です。その人は虚弱体質で子どもの頃から病気がちだったため、ご両親は「この子は20歳まで生きられないかも」と思っていたそうです。

就職してからも、入退院を繰り返していたため、上司から嫌味を言われたりもしましたが、**生きているだけで儲けものと思っていたので、気にしなかったとか**。そして今では、「病院との付き合いがあったから長生きできているのではないかと思える」といいます。病気と焦らず付き合うことも大切なのですね。

江戸時代の本草学者で『養生訓』の著者・貝原益軒《かいばらえきけん》は「病気を早く治そうと思って急ぐと、かえって病気を重くする。自然に任せるのがよい」と語っています。

たいていの病気は医師の指示に従って養生すれば快方に向かうものです。だから、病気になっても、「生活を改めるチャンスだ」と前向きに考えてはいかがでしょうか。

「定年うつ」は早期に発見して解消する

仕事一筋だった人が定年後に発症するうつ病は、通称「定年うつ」と呼ばれたりしています。最近、この定年うつになる人が増えています。

ところが、現役時代に「頑張れ！」「やればできる！」「気合いだ！」と鼓《こ》舞《ぶ》されながら過ごしてきた世代は、自分がうつ病だとは思いもしないし、周囲から指摘されても認めようとしません。そうなると、早期に治療する機会を失って、どうしても症状が重くなりがちです。

そこで、次のような症状にひとつでも心当たりがあったら、早めに専門医に相談するようにしてください。

・本を読んでも集中できず、すぐに読むのをやめてしまう
・テレビを見ていても、まったく面白く感じない

・何を食べてもおいしく感じられず、食事が楽しくなくなった
・頭から離れないことがあって、なかなか寝られない
・眠りが浅くなって、夜中に何度も目が覚める
・疲れやすくなって、何もする気にならない

専門医と話して、「もう少し様子をみましょう」と言われ、投薬を受けるなどすれば、それ以上の悪化を防げて安心です。

定年うつの症状が進むと、認知症に移行するケースがあることもわかってきました。そう言うと、「うつ」と診断されただけで、ますます落ち込んでしまう人がいますが、悲観したり落ち込んだりすると、うつをさらに悪化させるだけです。かといって、無理に明るくふるまうのもいけません。

いちばん大切なのは、適切な投薬を受けて心と体をゆっくり休め、**「そのうち治るさ」とのんびりかまえていること**です。定年後の時間はたっぷりあるでしょうから、気長に治していきましょう。

「のんびりかまえる」は普通に過ごすこと

真面目なシニアは、「定年うつになっても、そのうち治るとのんびりかまえていたほうがいい」と言うと、今度は「頑張ってのんびりしなければ」と考えます。しかし、それではのんびりかまえることになっていません。

「のんびりかまえる」とは、じつはとても簡単なことで、毎日を普通に過ごせばいいだけです。

普通というのは、人それぞれかもしれませんが、常識的な普通と考えてください。

たとえば、食事はカップ麺などのインスタント食品で簡単にすまさず、きちんと調理したものを食べるようにします。お風呂も回数を減らさず、毎日湯船にお湯をはってゆっくり入浴します。寝るときは必ずパジャマなどに着替えて布団やベッドで休んでください。コタツに入ったら気持ちよくて、ついウトウト。そのまま着替えもせずコタツで寝るといったことは絶対にやめましょう。

もうひとつ大事なのは**「うつのことは忘れよう」と考えないこと**です。というのも、忘れようとすればするほど私たちの記憶は強化されてしまうからです。

では、どうすればいいのでしょう？　それは、何も考えずに普通の生活をしているだけでいいのです。そうすれば、一時的には強い不安を抱くかもしれませんが、それがピークに達した後は自然と小さくなって、やがて収まっていきます。

これは精神科医の森田正馬《まさたけ》博士が考案した「森田療法」を応用した対処法です。森田療法は１００年以上前に開発されたものですが、うつ病や神経症の治療に現在も使われている方法なので、ぜひ実践してみてください。

よい睡眠はよい生活をつくる

「睡眠負債」という言葉をよく耳にするようになりました。これは、寝不足が続き、それが蓄積して健康を損なうというものです。これには主に3つの種類があります。

寝つきが悪いことを医学的には「入眠困難」と呼んでいます。寝床に入ってから、眠りにつくまで30分から1時間以上かかるような状態で、成人男性でおよそ14・2パーセント、女性でおよそ20パーセントがこの症状で悩んでいます。

これを20代から70代までの年代別に見ると、各世代で同程度に分布しており、必ずしも中高年特有の症状ではありません。

ところが、いったん眠ったのに、夜中に何度も目が覚めて、それ以降なかなか熟眠できない「中途覚醒」は、男性の70代以上は20代の約3倍になり、女性でも倍近くなります。

さらに自分が希望した起床時間に起きられず、早朝4時や5時といった時間に目が覚めてしまい、そのまま眠れなくなる状態を「早朝覚醒」といいます。こちらも年代別では、70代以上男性が20代の約3倍、女性が2倍です（以上のデータは「平成12年保健福祉動向調査」による）。

中途覚醒、早朝覚醒は、シニアの睡眠の悩みの特徴のひとつといえそうです。

厚生労働省の「良い睡眠時間の概要・案」によると、15歳前後で約8時間程度、45歳では約6・5時間程度眠っています。それが、60代では約6時間というように、夜間の睡眠が減少していきます。

実際、シニアになると、「なかなか寝つけない」「夜中に目が覚めてしまう」「朝早く起きてしまう」といった症状に悩まされる話をよく聞かされます。

50代でも前半のうちはまだまだ元気ですが、これから先も健康で過ごせるよう、**「よい睡眠はよい生活をつくる」**と考えて、睡眠を健康の柱にするような生活習慣を整えましょう。

熟睡のカギは夕食にある

みなさんも経験的にわかっていると思いますが、お風呂に入るとよく眠れますね。私たち人間は、体温が上昇して、それが下がるときに眠気をもよおします。その体温の差が大きければ大きいほど、強い眠気を感じるように体ができているのです。

それなら、熟睡するためには眠る前にいったん体温を上げてあげればいいわけで、入浴のほかにも方法があります。それは夕食のメニューを体の内側から温めるものにするというもの。

体を温める代表的な料理といえば、いちばんに思い浮かぶのは鍋ですね。鍋ものは効果的に体温を上げることができ、野菜もいっぱい食べられます。

さらに、みんなでワイワイ食べれば、精神的にリラックスできるというメリットもあります。

特に不眠に悩む人にはキムチ鍋をおすすめします。キムチの辛味のもとである唐辛子にはカプサイシンという物質が含まれ、体温を一気に上昇させる働きがあります。

体温が上昇すると、脳が体温を下げるように働いて眠気を誘うというメカニズムなので、体を内側から温めてくれる食材を積極的にとりいれるようにしたいものです。ほかにも、ショウガ、カボチャ、カブ、ニンジン、ニラ、ネギ、ウナギ、サバ、カツオ、クルミなどがあります。

これらの食材は、睡眠のためだけでなく、冷え性の人も積極的にとるようにすると効果が期待できます。暑い夏でも、冷房で体の冷えに悩まされている人は、鍋を食べるようにするといいですね。

ところで、安眠に導いてくれる野菜で忘れてはならないのが、タマネギです。タマネギはスライスして枕元に置いておくだけでも安眠効果があります。タマネギには硫化アリルという成分が含まれていて、その匂いがストレスを和らげるバッグンの鎮静効果を持っているのです。

また、硫化アリルは体内でアリシンという成分に変わりますが、アリシンは血液の循環をよくしたり、血栓を防いだり、血中のコレステロールを減少させて、血流の流れをスムーズにしてくれます。またビタミンB_1の吸収を助け、糖質の代謝を高める効果もあります。

寝つきが悪い人は、夕食にタマネギを使った料理を食べるようにしましょう。食べるだけでなく、タマネギの茶色い皮を洗って干したものを煎じて、お茶の代わりに飲むこともおすすめします。たくさん作って冷蔵庫で保存しておき、1杯分ずつ温めて飲みます。このお茶を飲み続けると、だんだん寝つきがよくなるはずです。

ところで、睡眠には自律神経のバランスが大きな影響を及ぼしています。

自律神経は、活発な活動を司る交感神経、安らぎや休息を司る副交感神経のふたつから成り立っています。スッと気持ちよく眠りに入って、ぐっすりと眠れるときには、この交感神経から副交感神経への切り替えがスムーズにできているのです。

ここで着目したいのは血液です。交感神経が働いているときの血液は酸性ですが、副交感神経が活発になるとアルカリ性へと変化します。そして、その変化につれて血圧も下がり、呼吸もリラックスした状態になって眠りへと導かれていくのです。

それならば、眠りに入りやすい状態を意図的につくることもできそうです。血液をアルカリ性にするアルカリ性食品を夕食にとるようにすればいいのです。

代表的なアルカリ性食品は、ワカメ、ノリ、ヒジキ、コンブなどの海藻類や、煮干し、小魚など。これらを夕食で積極的にとるようにしましょう。

逆に、眠りを妨げる食事も覚えておくといいでしょう。**ハンバーグ、ヤキ**

トリ、ステーキなど脂っこいものを食べすぎないようにします。これらを体内に取り入れると、肝臓や腎臓などが必要以上に働かなければならず、ゆっくり休むことができません。

夕食を賢くとって、質のよい睡眠を手に入れてください。そうすれば、睡眠中に作られる成長ホルモンの老化予防効果をたっぷり受け取ることができるようになります。

腹八分目が健康寿命を延ばす

昔から、「お腹いっぱい食べるよりも、腹八分目程度に抑えておいたほうが体にはいい」という意味で、「腹八分目に医者いらず」と言われてきました。

貝原益軒も『養生訓』のなかで「食事は腹八分を適量とし、ものたりないくらいがちょうどいい」と述べています。食事は控え目のほうが体の調子がいいということを経験的に知っていたのでしょう。

じつはこれ、科学的に正しいと証明されている健康法なのです。

動物実験で30%のカロリー制限をすると、体重だけではなく、体脂肪、血圧、血糖値、中性脂肪値などが大きく改善することがわかっています。

しかし、実際に腹八分目で留めるのはなかなか難しいもので、特にシニアは苦戦しているようです。おそらく、リタイア後も現役時代の食事時間の流れに縛られているからだと思います。

現役時代の朝食は7時前後、昼食は12～1時、そして夕食は19時過ぎ。外で飲む機会が多かった人の場合はもっと遅かったかもしれませんね。

リタイア後、現役時代よりもお腹が空かなくなっても、「7時になると朝食を食べて、12時になると昼食を食べる習慣は変えられません」というシニアが多いようです。

ところが、シニアになると基礎代謝量が減りますし、リタイア後は運動量が激減しているはずです。それにもかかわらず、今までと同じ量の食事を同じ時間にとっていたらどうなるでしょう？　体重が増えますね。そうすると、生活習慣病にかかるリスクも高くなるため、これまでの食習慣を見直す必要があるのです。

現役時代、ごはんをおかわりしていたという人も、シニアになったら軽めに1杯くらいに留めるように心がけてください。

また、食事の時間もこれまでの習慣どおり食べる必要はありません。空腹を感じていなければ昼食の時間を少しずらし、食べたくなってから食事をするくらいでいいのです。

ただ、**夕食だけは就寝の3時間前までにすませましょう。**食事と眠るまでの時間がこれ以上短くなると、蓄積されるエネルギーが多くなりすぎ、肥満の原因になります。もし夕食が遅くなってしまったなら、野菜をメインにしたスープや雑炊など、消化がよくカロリーが低めのものにすることをおすすめします。

肉は細胞を丈夫にしてくれる

高齢になってくると、「肉を食べる気にならない」という人が少なくありません。

健康診断でコレステロールや中性脂肪などの数値が高いと指摘され、気にしているのかもしれませんし、実際、消化するのに時間がかかって、胃もたれしてしまう人もいるのかもしれません。

また、これまで「肉食過多は認知症になりやすい」と言われてきたことも肉を避ける理由のひとつではないでしょうか。しかし、肉食過多については、主に欧米のデータに基づき研究されてきたものです。

欧米人の肉の摂取量は日本人の比ではありません。欧米のレストランで肉料理をオーダーすると、テーブルに運ばれてくるのは「これで1人前なの？」と目を疑うほどのボリュームだったりします。

あれだけの量の肉を日常的に食べていたら、いろいろ健康面の問題も出てくるのだろうと思いますが、日本人の多くは、欧米の人ほどの量を食べているわけではなく、食べすぎることを心配する必要はないでしょう。

適量の肉を食べると、良質のタンパク質を摂取でき、それにより脳細胞はもちろんのこと、全身の筋肉細胞が丈夫になります。つまり、高齢になってからも肉を食べれば、体の衰えを食い止めてくれるわけです。さらにいえば、寿命を延ばす効果も期待できるということです。

では、どれくらいの量を食べたらいいのか気になりますね。男性は1日60グラム、女性は50グラムといったところでしょうか。おそらく、それくらいなら食べられるはずです。

ただし、肉ばかり食べればいいわけではなく、肉の1・5倍から2倍程度の野菜も一緒に食べるようにしてください。

ちなみに、元気いっぱいの人は男女を問わず、肉をしっかり食べていま
す。作家として精力的に執筆し、全国各地で講演していた瀬戸内寂聴さん
も、95歳を超えても200グラムのステーキを召し上がっていました。

たんぱく質でやる気を起こす

体を若々しく保っていても、「なんとなく、やる気が起きない」「なかなかモチベーションが上がらない」という人もいますね。

その状態を「もう、いい年だから」とか「この年になって、今さら新しいことに取り組まなくてもいい」などと後ろ向きにとらえて受け入れていたとしたら、それは間違いです。

やる気や意欲をコントロールしているのは脳なので、やる気が出ないということは、脳の機能が低下している可能性があります。

脳の中枢神経系に存在する神経伝達物質・ドーパミンは、やる気や意欲を高める働きを担っています。そのドーパミンの主原料はたんぱく質です。やる気を起こすためには、まずは肉を食べることをおすすめします。

もちろん、肉だけ食べればいいわけではありません。野菜もしっかり食べるのがポイントです。

また、アミノ酸の一種であるチロシンにも、ドーパミンを増やす効果があります。チロシンは、納豆やバナナ、アボカド、アーモンド、カツオなどに多く含まれています。

緑茶に含まれるテアニンにも、ドーパミンを増やす働きがあります。テアニンを効果的に摂取するには、少しぬるめのお茶を飲むようにしてください。

ドーパミンのほかにも、脳内にはいくつもの神経伝達物質があるのですが、それらの働きを改善したり、活性化させるには、**魚介類やレバーなどに多く含まれているビタミンB_{12}が効果を発揮**します。ビタミンB_{12}には、活性酸素やホモシステインを取り除く働きもあります。

活性酸素が、がんや成人病、あるいは皮膚のトラブルなど、さまざまな病気を引き起こす原因になっていることはよく知られていますね。ホモシステインも代謝されずに蓄積すると、心筋梗塞や脳梗塞を引き起こす動脈硬化の原因物質ですから中高年にとっては危険な存在です。

良質なたんぱく質をはじめ、ここに挙げた食品を積極的にとって、心も体も元気になりましょう。

【著者紹介】

保坂 隆（ほさか たかし）

保坂サイコオンコロジー・クリニック院長。

1952年山梨県生まれ。慶應義塾大学医学部を卒業後、同大学精神神経科入局。1990年から２年間、米国カリフォルニア大学ロサンゼルス校（UCLA）精神科に留学し、帰国後は東海大学医学部教授となる。その後、聖路加国際病院リエゾンセンター長・精神腫瘍科部長、聖路加国際大学臨床教授などを経て現職。

著書に、『精神科医が教える すりへらない心のつくり方』『精神科医が教える こじらせない心の休ませ方』（以上、だいわ文庫）、『精神科医が教える　ちょこっとズボラ老後のすすめ』（三笠書房）、『精神科医が教える　ずぼら老後の知恵袋』（きずな出版）など多数がある。

本文デザイン・組版　朝日メディアインターナショナル株式会社

精神科医が教える
50代からの心おだやかな暮らし方

2025年３月17日　初版第１刷発行

著　者　保坂 隆
発行者　松信健太郎
発行所　株式会社 有隣堂
本　社　〒231-8623　横浜市中区伊勢佐木町1-4-1
出版部　〒244-8585　横浜市戸塚区品濃町881-16
電話045-825-5563　振替00230-3-203
印刷所　シナノ印刷株式会社

ISBN 978-4-89660-254-8 C0030